Ställe, Scheunen, Stadel

Ställe, Scheunen, Stadel

Die Erhaltung landwirtschaftlicher Bauten als Rechtsproblem

vdf Verlag der Fachvereine Zürich 1991

ID

Veröffentlichungen des Instituts für Denkmalpflege
an der ETH Zürich
Band 11

Redaktion: Brigitt Sigel

Diese Untersuchung wurde im Rahmen des Nationalen Forschungsprogramms «Methoden zur Erhaltung von Kulturgütern» (NFP 16) durchgeführt (Projekt-Nr. 4.891.0.85.16).

Die Ausarbeitung der Untersuchung zur vorliegenden Publikation wurde durch einen Beitrag des Schweizer Heimatschutzes ermöglicht.

Graphische Gestaltung: Fred Gächter, Oberegg

Lithos: Reprotechnik, St. Margrethen
Druck: Druckerei Schüler AG, Biel

Copyright 1991 by Verlag der Fachvereine
an den schweizerischen Hochschulen und Techniken,
Zürich

ISBN 3 7281 1764 1

Der Verlag dankt dem Schweizerischen Bankverein
für die Unterstützung zur Verwirklichung seiner Verlagsziele

Inhaltsverzeichnis

Vorwort 7

Sibylle Heusser-Keller, Reto D. Jenny, Beate Schnitter
Landwirtschaftliche Ökonomiebauten im Wandel 9

Robert Munz
Das Recht und seine Auswirkungen auf landwirtschaftliche Ökonomiegebäude 15

Hans Bieri
Die Bauernhofzone – eine Landwirtschaftszone im Baugebiet 37

Protokolle der Kantonsbefragungen 41

Abkürzungen 111

Vorwort

Traditionelle Scheunen, Ställe, Wagenremisen, Speicher, Holzschöpfe, Ofen-, Wasch-, Backhäuser, Heustadel, Riet- und Rebhäuschen, dieses ganze Geflecht von Ökonomiebauten, welches unsere Bauernhöfe umgibt, unsere bäuerlichen Ortsbilder räumlich-massstäblich gliedert und die Schweizer Landschaft zur Kulturlandschaft macht, ist heute höchst gefährdet.
Je nach Region, Höhenlage, Bewirtschaftungsweise, je nach Vorkommen lokaler Baumaterialien und nach Entstehungszeit haben diese Gebäude verschiedene Formen angenommen. Diese einfachen Gebrauchsbauten sind auch in die Geschichte eingespannt: Dachstühle lassen sich mindestens jahrhundertweise einordnen. Bei grossen Scheunen sind diese statisch ausgeklügelten Holzkonstruktionen imponierenden Ausmasses geradezu Wunderwerke der Zimmermannskunst, und der Stolz der Erbauer schlägt sich in Inschriften von Besitzer und Handwerker nieder, unterstützt von Bemalung, Ornament und Schnitzerei. Als beinahe sakral können viele Speicher bezeichnet werden, die wie Schmuckkästchen die wertvollsten Güter der Bauern bewahren. Die unscheinbaren unter ihnen sind im Ensemble des Hofes, in der Gruppe draussen im Ried ebenso charakteristisch. Diese Bauten stellen zusammen mit den bäuerlichen Wohnbauten unsere eigentliche regionaltypische Schweizer Architektur dar. Sie wurden mit genauester Kenntnis des Mikroklimas ins Gelände situiert, mit uraltem Wissen um die Energiebilanz nicht nur erstellt, sondern auch auf ihre Nutzung ausgerichtet. Wo die Tiere stehen, halten die dicken Mauern eine ausgeglichene Temperatur. Wo das Heu eingelagert wird, zieht der Wind durch die Wände. Stein wird gegen die Feuchtigkeit des Bodens eingesetzt, weite Vordächer halten den Regen vom Holzwerk fern. Wird die Dachhaut kontrolliert und wo nötig repariert, ist der Unterhalt dieser währschaft und klug erstellten Bauten gering. Tausende von Ökonomiegebäuden haben sich über Jahrhunderte erhalten.
Mit dem fortschreitenden Verlust der Wirtschaftsbauten verändert sich das Landschaftsbild rapide, verändern sich die Ortsbilder, in denen der Scheunenanteil bis zu zwei Drittel des Bauvolumens ausmachen kann. Die regional eigenständigen, vielfältigen Bautraditionen, mit denen sich die Bevölkerung seit Jahrhunderten identifizieren konnte, weichen einer banalen, gleichförmigen Nüchternheit, die niemals «Heimat» bedeuten kann. Dieser Verlust mit seinen Auswirkungen auf das ganze soziokulturelle Gefüge kann uns nicht gleichgültig sein.

Die Untersuchung galt deshalb den Fragen: Wie kommt es zu diesen Verlusten und gibt es rechtliche Voraussetzungen, diese zu verhindern? Eine auf Industrialisierung ausgerichtete Landwirtschaftspolitik, die unkontrollierte Siedlungsentwicklung und neue Bautechnologien führten zu gravierenden Veränderungen und Verlusten bei den bäuerlichen Wirtschaftsbauten, die nur durch gezielte Unterschutzstellungen aufzuhalten sind. Der zentrale Teil der Untersuchung und der vorliegenden Publikation gilt deshalb den Rechtsfragen. Aus allen Bereichen des Bundesrechts wurden die einschlägigen Paragraphen und die Bundesgerichtsentscheide zusammengestellt, die eine Erhaltung der ländlichen Ökonomiebauten fördern oder erschweren. Eine Befragung der Kantonalen Ämter galt den rechtlichen, ökonomischen und siedlungsstrukturellen Gründen der Gefährdung dieser Gebäude in den verschiedenen Regionen. Sie gab aufschlussreiche Einblicke in die Verschiedenartigkeit der Probleme und die gängige Praxis. Eine Exkursion schliesslich führte die baulich-ästhetischen Schwierigkeiten der Umnutzung landwirtschaftlicher Ökonomiebauten vor Augen. Allen Beteiligten, den Amtsstellen und ihren einzelnen Vertretern sei für ihre Mitarbeit, für die offen und engagiert geführte Diskussion an dieser Stelle sehr herzlich gedankt. Wertvolle Auskünfte erhielt die Arbeitsgruppe weiter von Bauernberatern, dem Schweizerischen Bauernverband, Brugg, von der Kantonalen Stelle für Bauern- und Dorfkultur, Bern sowie von den Herren Prof. Rieder und Prof. Vallat von der ETH Zürich.

Die Arbeitsgruppe gelangte zur Überzeugung, dass keine wesentlichen Gesetzeslücken bestehen. Hinweise auf mögliche Verbesserungen sind im rechtlichen Teil der Arbeit angeführt. Die Hauptschwierigkeit liegt in der fehlenden Akzeptanz dieser Bauten als Kulturdenkmale, das heisst als schutzwürdige Bauten. Vermehrt müsste der Bestand landwirtschaftlicher Ökonomiebauten in Inventaren erfasst werden, müssten Gutachten und eventuell auch Bauuntersuchungen den Wert gefährdeter Objekte beschreiben und begründen, wären nach bautypologischer, landwirtschaftsgeschichtlicher und ästhetischer Bedeutung der Bauten verschiedene Erhaltungsstufen ins Auge zu fassen. Dann erst, wenn diese Voraussetzungen erfüllt sind, wird auch der Vollzug der vorhandenen Gesetze auf allen Stufen, auf Bundesebene, im Kanton und den Gemeinden, möglich sein.

Beate Schnitter

Der vorliegende Bericht ist im Rahmen des Nationalen Forschungsprogramms (NFP) 16, «Methoden zur Erhaltung von Kulturgütern», gemacht worden. An der Untersuchung waren folgende Damen und Herren aus den Fachgebieten Heimatschutz, Recht und Agronomie beteiligt: Monica Aczél-Wehrli, Hans Bieri, Hans Gattiker, Sibylle Heusser-Keller, Robert Imholz, Reto D. Jenny, Eric Kempf, Bruno Kläusli, Helmut Landolt, Robert Munz, Walter Ruppen, Beate Schnitter und Robert Steiner. Allen oben Erwähnten, insbesondere aber Frau Beate Schnitter, welche die Projektleitung versah, und Herrn Reto D. Jenny, der die Projekt-Koordination innehatte, sei an dieser Stelle ganz herzlich ein grosser Dank ausgesprochen. Der Schweizer Heimatschutz ist an dem hier behandelten Thema seit langem interessiert. So hat er am 27./28. Januar 1989 unter dem Titel «Eine Zukunft für unsere ländliche Baukultur» im Schloss Hünigen eine Tagung durchgeführt, an der die Ergebnisse der NFP 16-Untersuchung vorgestellt werden konnten, und so war es auch eine Selbstverständlichkeit, die Ausarbeitung des Berichtes zur publikationsfähigen Form mit einem finanziellen Beitrag zu fördern. Die Publikation schliesslich übernahm das Institut für Denkmalpflege an der ETH Zürich (Prof. Georg Mörsch, Brigitt Sigel), dem für diese Möglichkeit und die intensive Mitarbeit und Textdurchsicht besonders gedankt sei.

Mit diesem Heft möchten wir alle Mitarbeiter der Meliorations- und Denkmalpflegeämter, die Baubewilligungsbehörden in den Gemeinden sowie die Beteiligten in der Landwirtschaft aufrufen, den ländlichen Wirtschaftsbauten vermehrt Sorge zu tragen und die hier ausführlich zusammengestellten und kommentierten Gesetze wirksam werden zu lassen.

SCHWEIZER HEIMATSCHUTZ
Der Präsident: Ronald Grisard

Mit der hier vorgelegten Arbeit wird keineswegs zum erstenmal der Blick der Öffentlichkeit auf die Nebengebäude der bäuerlichen Siedlungen gelegt. Im Gegenteil: Stall, Scheune, Stadel, die in Wirklichkeit das Zentrum landwirtschaftlichen Bauens und Wirtschaftens mitformen, sind seit vielen Generationen umschwärmte und wissenschaftlich untersuchte Kulturbereiche, gerade auch der Schweiz.

Dass sie dennoch in einem derartigen Tempo vor unseren Augen verschwinden oder, gleich schlimm, bis zur Unkenntlichkeit verstümmelt werden, hat vielfältige Gründe: Romantisches Schwärmen, das den Schritt zum wirklichen Schutz jedoch nicht findet, wirtschaftliche Möglichkeiten, die auch gegen noch so hohe Schutzwerte wahrgenommen werden, Gesetze und Verordnungen, die entweder ohne Rücksicht auf den Denkmalschutz erlassen wurden oder in der Anwendung auf die hier behandelten Denkmäler kaum eingehen, sind einige davon. Solange Denkmalschutz als öffentliches Interesse grundsätzlich nachrangig hinter der absoluten Freiheit des Eigentums, wirtschaftlicher Entwicklung oder technischen Normen rangiert, bleiben die Voraussetzungen für mehr als die Erhaltung nostalgischer Kulissen gerade beim ländlichen Patrimonium schlecht. Der Blick in die Landschaften der Schweiz beweist es.

Wie wenig es offenbar auch Eingeweihten klar oder ein Anliegen ist, dass der Schutz der Denkmäler mit der Verbesserung öffentlicher Wertsetzungen in Recht, Norm und Verhaltensweisen beginnt, zeigte die Tatsache, dass unter den 32 Forschungsprojekten des Nationalen Forschungsprogramms 16, «Methoden zur Erhaltung von Kulturgütern», sich die Mehrheit naturwissenschaftlichen Untersuchungs- und Behandlungsmethoden widmete und nur eines sich dem entscheidenden Bereich juristischer Regelungen zuwandte.

Schon dies rechtfertigt die Aufnahme dieser Arbeit in die Reihe der Veröffentlichungen des Instituts für Denkmalpflege, in der wir mit exemplarischen Beiträgen das Arbeitsfeld und die Arbeitsweise moderner Denkmalpflege erkennbar machen wollen. Dass Beate Schnitter mit ihrer Arbeitsgruppe erstmalig den Versuch einer vergleichenden Darstellung in der an unterschiedlichen Problemansätzen – und Lösungschancen! – so reichen Schweiz unternommen hat, ist ein hohes Verdienst, dem ein Erfolg in der Erhaltungspraxis dringend zu wünschen ist. Das reiche Material war nicht leicht in die Form einer gedruckten Publikation zu bringen. Hier gebührt Brigitt Sigel herzlicher Dank für ihr geduldiges und fachkundiges Engagement, das die Publikation erst ermöglichte. Weiter ist dem Verlag der Fachvereine, dem Graphiker, Fred Gächter in Oberegg, der Druckerei Schüler in Biel und der Firma Reprotechnik in St. Margrethen für ihre kompetente Betreuung dieses Buches zu danken. Ein letzter Dank geht an die Schulleitung der ETH, mit deren finanzieller Hilfe der Druck ermöglicht wurde.

Institut für Denkmalpflege, ETH Zürich
Georg Mörsch

Landwirtschaftliche Ökonomiebauten im Wandel

Sibylle Heusser-Keller, Reto D. Jenny, Beate Schnitter

Darstellung des Problems

Die Landwirtschaft nach 1945
Die Landwirtschaft war bis nach dem 2. Weltkrieg relativ stabil und stark auf Selbstversorgung und landeseigenen Bedarf ausgerichtet. In der zweiten Jahrhunderthälfte lösten sich durch Motorisierung und Mechanisierung die polyfunktionalen Bewirtschaftungsformen langsam auf. An ihre Stelle trat eine industrielle und auf Spezialisierung ausgerichtete Produktionsweise. Die dafür notwendigen Investitionen waren nur für grössere Betriebe wirtschaftlich tragbar. Betriebe, für die eine industrielle Auswertung des Bodens nicht möglich war, wurden von grösseren landwirtschaftlichen Unternehmen erworben und gingen in ihnen auf. Von 1955 bis 1985 hat sich die Zahl der landwirtschaftlichen Arbeitskräfte auf weniger als die Hälfte reduziert. Betriebe unter 20 Hektaren gingen um 49% zurück, jene über 20 Hektaren haben sich in der gleichen Zeitspanne durch Zukauf oder Zupacht von Land mehr als verdoppelt.

Die Siedlungsentwicklung nach 1945
Zur Umstrukturierung der Landwirtschaft kam, ausgelöst durch die Wachstumseuphorie der 6oer Jahre, die Ausscheidung von überrissenen Bauzonen um die ländlichen Siedlungskerne hinzu. In den flacheren und industrialisierten Regionen waren es Ein- und Mehrfamilienhauszonen, in den alpineren Regionen Bereiche für die touristische Entwicklung; in beiden Fällen ergab sich eine Einengung und Isolierung der landwirtschaftlichen Betriebe. Der Bauer im Dorf war nun von seinem Land abgeschnitten und hatte längere Wege auf verkehrsreichen Strassen in Kauf zu nehmen. Die landwirtschaftlichen Vor- und Werkplätze beim Hof wurden durch den Strassenbau beschnitten, und Teile des Betriebes – Lagerung oder Vieh – mussten ausgesiedelt werden. Zudem geriet die landwirtschaftliche Bevölkerung wegen Lärm- und Geruchsimmissionen zunehmend unter den Druck der zugezogenen Städter oder der Touristen. Die Aussiedlung schien vorerst auch für diese Probleme eine Lösung. Unter dem Eindruck der fortschreitenden Zersiedelung und Zerstückelung der Landschaft wuchs jedoch langsam das allgemeine Bewusstsein für den Verlust an Kulturland und für die Notwendigkeit einer planerischen Gegenmassnahme: Durchschnittlich werden noch immer jedes Jahr 1355 Hektaren Land neu besiedelt und gehen 1100 Höfe ein. Als Zaubermittel sollte die bauliche «Verdichtung» helfen. Durch das neueste unter den Planungscredos geraten aber Stall und Scheune als grösste und – als Folge der Aussiedlung und Güterzusammenlegung – am häufigsten leerstehende Räume unter einen zusätzlichen Druck.

Die moderne Bautechnologie
Zerstörend im Grossen wie im Kleinen wirken sich auch die Veränderungen im Bausektor aus. Der Markt ist heute von industriell gefertigten Produkten überschwemmt. Ökonomiebauten werden ab der Stange angeboten. Sie haben weder in Material noch Grösse, weder in der Dachform noch in der Gesamtform einen Bezug zu Siedlung und Landschaft. Sie müssen als Fremdkörper wirken.
Besonders negativ wirken sich die modernen, pflegeleichten Materialien bei Reparatur und Umbau aus. Sie passen oft weder in Thermik noch Durchlässigkeit, weder in der Abnützungsart noch im Aussehen zu den alten. Reparaturen an Altbauten sind aber materialtechnisch nur sinnvoll, wenn sie mit altbauverträglichen Materialien, das heisst mit den traditionellen Baustoffen der Region ausgeführt werden.

Folgen für die Landschaft
In den Niederungen sind durch Aussiedlung landwirtschaftlicher Betriebe gänzlich neue Gebäudekomplexe ausserhalb der meist jahrhundertealten Siedlungsorte und Hofstätten entstanden. Sie markieren die neue grossflächige Flurteilung, die das Landschaftsbild völlig verändert hat.
In den bergigeren Regionen verändert sich das gewohnte Bild, indem Ausfütterungsställe und Heuscheunen allmählich verschwinden und damit der bauliche Akzent verloren geht oder indem die alten Gebäude, im Zustand des Verfalls, eine romantische Landschaftsauffassung forcieren, die mit der historischen Kulturlandschaft nichts zu tun hat.

Folgen für die Siedlung
Die umgenutzten Ökonomiebauten verändern mit neuen Dachaufbauten die Dachlandschaft, mit neuen Öffnungen in den Fassaden die bauliche Begrenzung des Strassenraumes und mit veränderten Vorplätzen und Gärten dessen räumliche Abfolge und Schichtung.
Zusätzliche Ökonomiegebäude, die bei Umstrukturierung und Betriebserweiterungen notwendig geworden sind, bewirken ähnliche Veränderungen, ja bringen durch ihre meist grösseren Volumen einen völlig anderen Massstab in den Strassenraum und an die Bebauungsränder des alten Kerns.

Folgen für die Ökonomiebauten
Ein Teil der funktionslos gewordenen Bauten steht *leer*, denn nur für wenige konnte eine landwirtschaftliche Weiter- oder Neunutzung gefunden werden. Die ungenutzten Gebäude oder Gebäudeteile verlottern, verfallen und werden schliesslich beseitigt.
Die weiterhin landwirtschaftlich genutzten Bauten sind wegen der innerbetrieblichen Reorganisation (Spezialisierung, Rationalisierung) und infolge veränderter Nutzungsansprüche stark *umgebaut* worden.
Bauten, für die eine andere Nutzung möglich war, sind oft ohne Schonung der bestehenden Bausubstanz und der auf differenzierte landwirtschaftliche Nutzung ausgerichteten Vorplätze und Gärten umgebaut worden. Insbesondere die *Umnutzung* zu Wohnzwecken bringt mit dem Einbau zusätzlicher Fenster und der sanitären Infrastruktur derartige Veränderungen, dass vom alten Bau kaum noch eine durchlöcherte Hülle bleibt.
Mit neuen, unangepassten Materialien können solche Bauten auch ästhetisch bis zur Unkenntlichkeit verändert werden. Die sinnvollen Möglichkeiten von Reparatur und Umbau werden durch diese Materialien zu einem hässlichen Flickwerk degradiert und den «Radikalkuren» (Abbruch und Neubau) zusätzlich Vorschub geleistet.

Landwirtschaftliche Ökonomiebauten als Schutzobjekte

Warum sind Ökonomiebauten schützenswert?

In ländlichen Siedlungen gehören Kirche und Pfarrhaus zu den traditionellen «Denkmälern». Sie sind das Besondere, die aus der alltäglichen Masse der Bauernhöfe und Handwerkerhäuser herausragende architektonische Leistung – eine Leistung, die indessen nur vor dem Hintergrund des Alltäglichen erkennbar wird und ohne die ökonomischen, in Scheunen und Ställen erwirtschafteten Grundlagen gar nicht möglich gewesen wäre.
Die landwirtschaftlichen Bauten spiegeln eine durch Topographie, Klima und weitgehende Selbstversorgung geprägte Wirtschaftsform wider. Funktion, Baumaterial und lokale Handwerkstradition führten zu regional typischen Bauformen.
Solange die Einheit von Funktion und Form gewahrt blieb, gehörten diese Bauten zum selbstverständlichen Bestand der ländlichen Siedlungen und Kulturlandschaft, dem kaum Beachtung geschenkt wurde. Durch die jüngsten Entwicklungen in der Landwirtschaft wurde die Einheit von Form und Funktion gestört. Vergleichbare landwirtschaftliche Reformen haben zwar auch früher schon bauliche Veränderungen beziehungsweise den Verlust traditioneller Gebäude und die Entstehung von neuen Formen nach sich gezogen. Beispielsweise führte das Aufkommen der Düngewirtschaft vor 200 Jahren zu grösseren Stallbauten. Aber bis in die Mitte unseres Jahrhunderts waren solche Veränderungen in Traditionen eingebunden, in eine noch nahezu «vorindustrielle» Bewirtschaftungsform ebenso wie in einen noch handwerklichen Bauprozess. In der heutigen vollindustrialisierten Zeit hingegen werden diese Bauten, angesichts ihres drohenden Verlustes, zu «Denkmälern» und damit zu Schutzobjekten.
Der heutige, auf alle materiellen Zeugen menschlicher Tätigkeit ausgerichtete Denkmalbegriff umfasst natürlich auch ländliche Ökonomiebauten. Sie gehören nicht wegen ihrer Einmaligkeit zu den wichtigsten Denkmälern, sondern weil sie unsere mehrheitlich bäuerlich geprägte Vergangenheit repräsentieren, die gänzlich zu verschwinden droht.

Inventare zur Bestimmung von Schutzobjekten

Für eine Unterschutzstellung oder zur Ausrichtung von Beiträgen an eine Restaurierung muss ein Gebäude im Sinne des Gesetzes als schützenswert umschrieben werden.
Hilfsmittel für die Beurteilung, ob ein Objekt als schützenswert einzustufen ist oder nicht, sind die Inventare. An erster Stelle sind die Bauernhausinventare zu nennen, die nach den Richtlinien der Schweizerischen Gesellschaft für Volkskunde von den Kantonen erstellt werden. Es handelt sich dabei primär um eine wissenschaftliche Unternehmung mit dem Ziel, die historischen landwirtschaftlichen Bau- und Wirtschaftsformen zu erforschen. Die Ergebnisse dieser Untersuchungen – nicht ein Inventar – werden in der Reihe «Die Bauernhäuser der Schweiz» veröffentlicht. Diese Publikationen haben keinen Rechtscharakter, sind aber für die Abklärung der Schutzwürdigkeit unentbehrliche Hilfsmittel. Folgende Kantone sind bereits ganz oder teilweise bearbeitet: Bern, Freiburg, Glarus, Graubünden, Luzern, Tessin, Uri, Waadt, Wallis, Zürich.
Eine weitere gesamtschweizerische Unternehmung ist das vom Bund in Auftrag gegebene «Inventar der schützenswerten Ortsbilder der Schweiz» (ISOS). Nach einheitlichem Muster werden alle ganzjährig bewohnten Siedlungen von mindestens 10 Gebäuden inventarisiert und bewertet. Rechtsverbindlich ist die Schutzanforderung für die national eingestuften Objekte. In Kraft gesetzt sind die Inventare in folgenden Kantonen und Kantonsteilen: Aargau; Appenzell Innerrhoden; Bern: Oberland, Jura Bernois, Amtsbezirk Laufen, Seeland; Genf; Glarus; Graubünden: Region Engadin/Münstertal, Region Surselva; Luzern; Neuenburg; Obwalden; Schaffhausen; Solothurn; Schwyz; Thurgau; Uri; Zürich.
In verschiedenen Kantonen entstanden oder entstehen ergänzend kantonale Inventare zu Ortsbildern, ausgehend vom Einzelobjekt, oder zu bestimmten Bautypen. Diese Inventare legen noch keine Unterschutzstellungen fest, sondern sind, zum Teil gesetzlich vorgeschriebene, Arbeitsinstrumente für die Denkmalpflege und die Baubewilligungsbehörde.
Das Erfassen bestimmter Bautypen ist für die Rettung der ländlichen Ökonomiebauten ein besonders wichtiges Desiderat, denn nur vor dem Hintergrund einer

Fülle von Bauten kann im Einzelfall die Schutzwürdigkeit richtig beurteilt werden.

Schutzverfügungen für einzelne Gebäude sind indessen wenig sinnvoll, wenn nicht eine entsprechende Zonenordnung dafür sorgt, dass dem Schutzobjekt ein Lebensraum bleibt, dass es in seiner Erscheinung, seiner Funktion und in seiner finanziellen Grundlage durch die fortschreitende Siedlungsentwicklung nicht von neuem bedrängt wird. Es ist deshalb wichtig, dass ein Inventar schützenswerter Bauten zu Beginn der Planung vorliegt. Ebenso wichtig ist die Verankerung der Schutzobjekte in der Planung ausserhalb der Bauzone. Denn nicht dieser Stall oder jene Weidscheune sind die Schutzobjekte, sondern diese Gebäude in ihrer Beziehung zur Landschaft.

Beurteilungssystem

Wie soll sich derjenige nun praktisch verhalten, der beurteilen muss, was mit den ländlichen Altbauten in Siedlung und Landschaft geschehen darf? Wie und wer bestimmt den zuträglichen Grad der Umnutzung? Wie, wofür und wie hoch soll die Summe bemessen sein, die aus den Mitteln der öffentlichen Hand verwendet werden kann, und was ist dem Besitzer an eigenem Aufwand zuzumuten? Welches sind die Kriterien, die für eine integrale Erhaltung, die Faktoren, die für oder gegen einen Umbau oder eine Umnutzung sprechen? Die Möglichkeit zur Erhaltung eines bäuerlichen Ökonomiegebäudes ist weitgehend von den Möglichkeiten seiner Nutzung abhängig. Sind Veränderungen zur Beibehaltung der alten oder für eine neue Nutzung notwendig, muss der für den Bau zuträgliche Grad auf Grund der Inventare (das ISOS gibt es für nahezu jede Ortschaft in der Schweiz) und wenn möglich einer Bauuntersuchung festgelegt werden; für städtische Prunkbauten, ja sogar für die wertvolleren Bauernhäuser eine Selbstverständlichkeit. Wie für historische Bauten in den Städten können auch für landwirtschaftliche Bauten Stufen der Schutzwürdigkeit festgelegt werden. Diese Stufen hängen ab vom Wert der baulichen Substanz und von der volkskundlich-lokalhistorischen Bedeutung der traditionellen Nutzung.

Die baulichen Werte
Zu den baulichen Werten gehören der Eigenwert, der Stellenwert und der historische Wert. Der Eigenwert eines Gebäudes wird durch den Bautyp, die architektonische Qualität, die Handwerkstechniken, Erhaltungszustand, Alter und Seltenheitswert bestimmt. Im Stellenwert wird das räumliche Verhältnis zur Baugruppe, Siedlung oder Landschaft umschrieben. Der historische Wert schliesslich umfasst die Beziehungen zu einem historischen Ereignis oder einer historischen Persönlichkeit.
Eigenwert und Stellenwert können sich ergänzen, beispielsweise wenn eine gut erhaltene Scheune zu einem für die Region besonders charakteristischen oder seltenen Bautyp gehört und zudem in prominenter Stellung, etwa am Dorfplatz, steht. Oder es können gleichartige Stallscheunen in lockerer Verteilung derart eindrücklich auf einer Hangterrasse liegen, dass die höchste Schutzwürdigkeit nicht durch den Eigenwert oder die besondere Lage entsteht, sondern erst durch die Repetition. Schliesslich kann der Wert eines besonders schönen Hofes dadurch noch gesteigert werden, dass er das Wirkungsfeld einer berühmten Persönlichkeit war. Die unmittelbare Umgebung ist für ländliche Nutzbauten ungleich wichtiger als für ein städtisches Gebäude im Strassenverband. Ein Bau darf deshalb nie isoliert betrachtet werden. Gekieste Vorplätze, Gärten, Wege etc. sind in die Beurteilung miteinzubeziehen.

Die nutzungsbedingten Werte
Viele vertraute landwirtschaftliche Tätigkeiten sind verschwunden, andere wickeln sich in gänzlich veränderter Form ab. Erhalten oder teilweise erhalten haben sich die Ökonomiebauten als materielle Zeugen dieser Bewirtschaftungsarten. Ein Stall im Prättigau mit seinen Ständen für Kühe, Kälber, Ziegen und Schweine ist Zeugnis für eine artenreiche Tierhaltung, mit der offenbar das Gelände am ertragreichsten genutzt werden konnte, die aber heute fast nirgends mehr anzutreffen ist. Die Holzstangen an den Wänden der Häuser im Mendrisiotto deuten auf den einstigen Maisanbau. Andere bauliche Details – etwa die Webkeller im Appenzell – verraten, dass hier die Bauern einem Nebenerwerb nachgehen mussten, weil die Erträge des Hofes zu klein waren. Der Wert der historischen Funktion kann darin liegen, dass sie besonders typisch ist für eine Region, also den Normalfall darstellt: zum Beispiel die Ausfütterungsställe der Walsergebiete (die Kühe gehen zum Heu) oder die Wildheustadel (ohne Stall) im Glarnerland (das Heu wird zu den Ziegen ins Tal gebracht). Gelegentlich liegt der Wert in der Besonderheit, im Unüblichen. Er erschliesst sich aber auch aus dem Alter – alte Zeugen sind meist weniger zahlreich als jüngere – und aus der Ablesbarkeit beziehungsweise dem Erhaltungszustand. Ein Backhaus mit Feuerstelle und Backofen ist sicher ein wertvolleres Dokument als eines, bei dem diese Installationen fehlen. Handelt es sich aber um das einzige Gemeinschaftsbackhaus in einer Region, wo normalerweise das Brot individuell auf dem Hof gebacken wurde, gewinnt auch das schlecht erhaltene Exemplar wieder an Wert. Die einzelnen Aspekte können sich also ergänzen, oder einer kann das Übergewicht haben.

Erhaltungsstufen

Auf Grund der beschriebenen Kriterien können Bausubstanz und historische Nutzung drei verschiedenen Wertstufen zugeordnet werden, die verschieden strenge Erhaltungsabsichten nach sich ziehen (s. Tabelle).
Der Idealfall, die integrale Erhaltung ohne bauliche Veränderung und mit der Fortführung der angestammten Nutzung ist selten. Dafür haben sich die Bedürfnisse in Lebens- und Betriebsform zu sehr geändert. Der Erhaltung von baulicher Substanz und traditioneller Nutzung werden sich immer wieder Forderungen nach

Stufe	Bau	Historische Nutzung
1. Erhaltungsstufe	Erhalten sämtlicher wesentlicher Teile im Innern und Äussern des Gebäudes und seiner unmittelbaren Umgebung.	Integrale Beibehaltung der traditionellen Nutzung ohne Veränderung, wenn möglich aktiv, sonst passiv. Aktiv heisst: Im alten Ziegenstall werden weiterhin Ziegen untergebracht. Passiv heisst: Das ehemalige Backhaus wird nicht mehr benutzt, aber als Dokument integral erhalten (und unterhalten). Es ist dann ein Museumsstück.
2. Erhaltungsstufe	Erhalten der wesentlichen Gebäudeteile. Beschränkte Zulassung von Anbauten, Erweiterungen und Veränderungen am Bau und in der unmittelbaren Umgebung.	Beibehaltung der traditionellen Nutzung mit Modernisierung; Umnutzung innerhalb der Landwirtschaft; andere «sanfte» Nutzung ohne tiefgreifende infrastrukturelle Folgen.
3. Erhaltungsstufe	Erhalten der Gesamtform bzw. der Gebäudehülle und der ursprünglichen Gliederung. Anbauten, Erweiterungen möglich.	Umnutzung zu Wohnzwecken oder anderer Funktion mit grosser Infrastruktur. Einzelne Spuren erinnern an die einstige Nutzung. Kein Zusammenhang mehr.
4. Erhaltungsstufe	Abbruch	Die Spuren der historischen Nutzung verschwinden ganz.

mehr Funktionalität und Wirtschaftlichkeit entgegenstellen. Es wird also darauf ankommen, ein Gebäude nach seinem baulichen und funktionalen Wert einzustufen, daraus das Erhaltungsziel abzuleiten und dieses den aktuellen Nutzungsbedürfnissen gegenüberzustellen. Diese können verschiedenen Dringlichkeitsstufen zugeordnet werden, je nach dem ob es sich um die Existenzgrundlage eines Hofes (Milchwirtschaft im Appenzell), die Anpassung an heutige Bequemlichkeiten und Lebensformen (Verzicht auf Nomadenleben im Wallis) oder «nur» um ein liebgewordenes Hobby (Haltung von Zugpferden) handelt. Die Lösungen schliesslich sind nicht mit Hilfe von Tabellen oder einem Punktesystem zu finden, sondern nur in der geduldigen Auseinandersetzung mit dem Einzelfall, an der sich Denkmalpfleger und Betriebsberater, Besitzer und Subventionsgeber beteiligen müssen.

Gewisse Formen landwirtschaftlicher Tätigkeit werden aussterben und damit die Gebäude überflüssig werden. Je nach der Bedeutung wird man ein solches Ökonomiegebäude als musealen Zeugen erhalten, einer anderen Nutzung zuführen oder aufgeben.

Andere Nutzungsformen werden weiterbestehen: vielleicht ohne oder mit geringen Einbussen für die Architektur, bei ungeeigneten Gebäuden mit grossen Einbussen oder überhaupt nur in Neubauten. Je nach dem Kräftespiel zwischen dem Wert des historischen Gebäudes und dem seiner historischen Nutzung einerseits und den aktuellen Nutzungsbedürfnissen andererseits wird die museale Bewahrung, eine von vielen möglichen Umnutzungsstufen oder der Abbruch des Gebäudes die richtige Lösung sein.

Zur musealen Erhaltung
Wenn sich Zürich die Erhaltung von vier grossen Altstadtkirchen leistet – eine wäre für die Bewohner der Altstadt mehr als ausreichend –, oder wenn eine alte Turbinenanlage als erhaltenswert klassiert wird, dann kann es auch sinnvoll sein, landwirtschaftliche Ökonomiebauten an ihrem angestammten Platz museal zu bewahren. Das muss nicht heissen, dass alle diese Bauten zu Museen werden. Es kann auch heissen, dass das Gebäude leersteht (aber unterhalten wird), also wenigstens baulich präsent bleibt, und die Funktion in der Erinnerung der Bewohner weiterlebt. Vielleicht findet sich auch eines Tages eine vernünftige Nutzung oder die alte lebt wieder auf, wie es da und dort mit den alten Backhäuschen geschieht.

Zur Umnutzung
Schon immer haben auf einem Bauernhof Umnutzungen stattgefunden. Sei es, dass die Bäuerin ihre Gartenwerkzeuge im einstigen Hühnerstall unterbringt, sei es, dass das Tenn als Garage für die landwirtschaftlichen Maschinen dient. Je nach den baulichen Voraussetzungen und der Art der Neunutzung sind dafür keine oder aber sehr gravierende Eingriffe in die Substanz notwendig gewesen. Es kann unter Umständen schonender sein, eine nicht-bäuerliche Nutzung im alten Gebäude unterzubringen. Lagerräume können, wenn die Thermik des Lagergutes keine speziellen Anforderungen stellt, eine optimale Nutzung sein. Werkstätten für Kleingewerbe, Ateliers, auch kleine Läden brauchen meist wenig Infrastruktur und der Umbau kann mit unprätentiösen Materialien geschehen – ein einfaches Metallfenster verträgt sich besser mit den alten Materialien als ein aufwendig profiliertes Teakholztor. Denkbar ungünstig für die Erhaltung der Bausubstanz und des Gebäudecharakters ist der Einbau von Wohnungen. Doch auch das kann eine sinnvolle Lösung sein, etwa wenn damit die Gross-

familie weiterhin zusammen auf dem Hof leben kann, aber jede Generation eine eigene Wohneinheit bekommt. Es wird dann aber ganz besonders darauf ankommen, *wie* ein solcher Umbau durchgeführt wird. Fast jede Umnutzung bringt auch Veränderungen des Aussenraumes mit sich, die für das alte Gebäude eine zusätzliche Beeinträchtigung sein können.

Noch ein Wort zu den sogenannten sanften Umnutzungen: Diese leiden gelegentlich unter schleichenden Veränderungen. Hier wird eine Futterkrippe entfernt, dort der Schweinepferch ausgebaut, dann die Schwelle ausgeebnet, so dass am Schluss wirklich nur noch die Gebäudehülle steht. Dort, wo der sichtbaren Erhaltung der einstigen Nutzung erste Priorität eingeräumt wird, kann vielleicht wirklich nur die museale Erhaltung zum Ziel führen.

Exkurs

Ökologische Landwirtschaft: eine Chance
Überproduktion, Bodenverdichtung, Vergiftungen, gefährliche genetische Veränderungen und ähnliche Probleme geben seit jüngster Zeit Anlass zum Überdenken der Landwirtschaftspolitik. Die ökologische Landwirtschaft, bisher nur Sache von Heimkehrern auf's Land, alternativen oder spleenigen Agronomen, das Anliegen von Hobby-Landwirten und Agrotouristen, wird je länger je mehr auch für die Bauern selbst zu einem dringlichen Anliegen.

Die Produktionsform soll wieder strikte auf die örtlichen Verhältnisse (Klima, Topographie, Standort der Wiesen und Äcker etc.) ausgerichtet, die Tierhaltung von der Bodenfläche abhängig gemacht werden: der Hof als eine Art Biotop, als Lebensgemeinschaft verschiedenster Pflanzen, Haustiere und Menschen. Es fragt sich, wie weit in einer solchen mit den traditionellen landwirtschaftlichen Strukturen verwandten Betriebsform die alten Ökonomiebauten weiter verwendet oder mit wenig Aufwand für neue, rationellere Betriebsabläufe adaptiert werden können. Leider fehlen entsprechende Untersuchungen. Auch die Frage, ob ein solches Vorgehen finanzielle Vorteile bringen könnte, wurde unseres Wissens nie untersucht.

Ein Projekt, durchgeführt von Volkskundlern, Denkmalpflegern, Architekten und Agronomen, legt für eine Reihe von Schwarzwaldhöfen wegweisende Ergebnisse vor. Die Höfe wurden nach denkmalpflegerischen Gesichtspunkten restauriert, die Betriebsstrukturen modernen Bedürfnissen angepasst. Ökologische Lösungen oder Teillösungen führten stets zu substanzschonenden Lösungen auch für die Architektur (Ulrich Schnitzer, Schwarzwaldhäuser von gestern für die Landwirtschaft von morgen, Stuttgart 1989 [Landesdenkmalamt Baden-Württemberg, Arbeitsheft 2]).

Die Ökonomiebauten der Schweiz sind ebenso verschieden wie die bäuerlichen Wohnhäuser. Es versteht sich deshalb von selbst, dass in jedem Fall der Weiternutzung einem Lötschentaler Stall engere Grenzen gesetzt sind als einem behäbigen Berner Mittellandhof.

Subventionierungsgrundsätze
Eine andere Landwirtschaftspolitik würde auch eine neue Subventionierungspolitik bedeuten: Nach dem 2. Weltkrieg wurde als Folge einer auf Leistung und Rendite ausgerichteten Politik auch das Subventionswesen in der Landwirtschaft ausschliesslich auf eine funktionale Verbesserung des Betriebs und auf eine Vergrösserung der Produktion angelegt, was sich immer zuungunsten der Altbauten auswirkte. Subventioniert wurden in erster Linie Betriebe einer bestimmten Grösse mit einseitigen, industriellen Produktionsformen und Neubauten. Bis vor wenigen Jahren schien dies ein sinnvoller Weg, die Landwirtschaft zu unterstützen und sie konkurrenzfähig zu halten. Es wäre jedoch eine Subventionierungspolitik notwendig,
– die durch Ausgleichszahlungen eine ökologische Bewirtschaftung fördert, ähnlich wie durch Flächenbeiträge in topographisch benachteiligten Gebieten eine flächendeckende Bewirtschaftung gesichert wird;
– die die Artenvielfalt fördert, sei das durch Flächenbeiträge an Magerwiesen, durch die Anbauförderung alter Getreidesorten oder die Unterstützung bei der Zucht alter Nutztierrassen, etwa des rätischen Grauviehs;
– die auch Klein- und Nebenerwerbsbetriebe fördert;
– die auch Umbauten und Renovationen von Ökonomiebauten unterstützt.

Alle diese Massnahmen sind für die ökologische Genesung unserer Landwirtschaft unabdingbar. Zudem rücken sie die Betriebsstrukturen in die Nähe traditioneller Muster, und damit könnten viele der alten Ökonomiebauten weiterhin oder von neuem genutzt werden.

Konklusion

Vor dem Ziel einer ökologischen Landwirtschaft könnte die zeitweilige Nicht-Nutzung der Ökonomiebauten auch nur eine Zwischenphase sein. Sobald sich die Landwirtschaft auf eine Produktionsweise reduziert hat, die die Aspekte von Wirtschaftlichkeit, Umwelt, Natur- und Heimatschutz gleichermassen respektiert, kann sie in den alten Scheunen und Ställen einen neuen Standort finden. Selbst wenn die bauliche Struktur oder die Bewirtschaftungsart eine Nutzung nicht mehr zulässt, gibt es ausser dem Abbruch noch einen weiten Fächer von anderen Möglichkeiten. Die Zeit des Nachdenkens, des Umdenkens über die Ziele unserer Landwirtschaftspolitik muss zu neuen Zielen in der Erhaltung ländlicher Ökonomiebauten führen, denn sie sind nicht nur Nutzbauten der heutigen Landwirtschaft, sondern auch materielle Zeugen unserer baulichen und landwirtschaftlichen Vergangenheit.

Die rechtlichen Voraussetzungen in Bund und Kantonen sind meist ausreichend, um die Erhaltung wertvoller Ökonomiebauten durchzusetzen. Im folgenden zweiten Teil sind deshalb die einschlägigen Gesetze (Bund) zusammengestellt, in ihren Anwendungsmöglichkeiten diskutiert sowie da und dort mit Verbesserungsvorschlägen versehen.

Das Recht und seine Auswirkungen auf landwirtschaftliche Ökonomiegebäude

Robert Munz

Allgemeines

Die Fragestellung

Im Rahmen der vorliegenden Arbeit war als erstes zu prüfen, welche Rechtsbereiche auf Verlust und Erhaltung von landwirtschaftlichen Ökonomiebauten Einfluss haben.
Aufgrund dieser Überlegungen wurden dann eingehender unter die Lupe genommen:
- Zivilrecht und bäuerliches Bodenrecht
- Raumplanungsrecht und Baurecht
- Recht über die Förderung der Landwirtschaft
- Verkehrsrecht
- Natur- und Heimatschutzrecht
- Umweltschutzrecht
- Tierschutzrecht.

Als zweites galt es abzuklären, ob die heutige Ordnung in den untersuchten Rechtsbereichen der Erhaltung schutzwürdiger Ökonomiegebäude nützlich sei oder umgekehrt zu deren Verschwinden beitrage.
Schliesslich blieb zu überlegen, ob und wie festgestellte Mängel behoben werden könnten.
Im folgenden Text sind Zitate kursiv gesetzt, Bundesgerichtsurteile grau hinterlegt.

Kompetenzaufteilung zwischen Bund, Kantonen und Gemeinden

Die Schweiz ist ein Bundesstaat. An jedem Ort ihres Territoriums sind zugleich wenigstens zwei Gemeinwesen zuständig, nämlich der Bund und der betreffende Kanton. Für die Aufteilung ihrer Kompetenzen ist Art. 3 der Bundesverfassung (BV)[1] massgeblich, welcher lautet:
Die Kantone sind souverän, soweit ihre Souveränität nicht durch die Bundesverfassung beschränkt ist und üben als solche alle Rechte aus, welche nicht der Bundesgewalt übertragen sind.
Die Befugnisse des Bundes sind also in der Bundesverfassung abschliessend aufgeführt und können nur über das Verfahren der Verfassungsrevision vermehrt werden. Kompetenzen des Bundes finden in der Regel in Bundesgesetzen ihren Niederschlag. Deren Vollzug wird aber zumeist nicht vom Bund selbst besorgt, sondern den Kantonen übertragen.
Materien, die nicht ausdrücklich dem Bund zugeschieden werden, sind den Kantonen zu freier Regelung belassen. Die Kantone bestimmen, wieweit sie ihre Aufgaben mit den Gemeinden teilen wollen.

Angesichts der Vielfalt kantonaler und kommunaler Regelungen werden sich die nachfolgenden Ausführungen im wesentlichen auf das Bundesrecht beschränken müssen.

Die Freiheitsrechte als Schranken staatlicher Tätigkeit

Die Bundesverfassung (BV) grenzt nicht allein die Kompetenzen von Bund und Kantonen gegeneinander ab. Zusätzlich garantiert sie dem Einzelnen gewisse Freiheitsrechte, die von Gesetzgebung und Verwaltung zu respektieren sind.[2] Erwähnt seien etwa der Anspruch auf rechtsgleiche Behandlung, die Eigentumsfreiheit, die Handels- und Gewerbefreiheit.
Ebenfalls als Schutzinstrument zugunsten des Einzelnen wirksam sind die Garantien der Europäischen Menschenrechtskonvention (EMRK)[3], welcher sich unser Land angeschlossen hat.[4]

Die Eigentumsgarantie im besonderen

Dort, wo Gesetzgebung und Verwaltung steuernd in die Nutzung des Bodens eingreifen, haben sie sich mit der Eigentumsgarantie auseinanderzusetzen. Diese, heute in Art. 22ter BV verankert, ist übrigens erst 1969[5], zusammen mit dem Kompetenzartikel über die Raumplanung, Art. 22quater BV, als geschriebenes Freiheitsrecht in die Verfassung aufgenommen worden.
Als sogenanntes ungeschriebenes bundesrechtliches Freiheitsrecht war indessen die Eigentumsgarantie von Lehre und Rechtsprechung lange zuvor schon anerkannt worden. Auch fand sie sich in Verfassungen der Kantone ausdrücklich verankert.[6]
Die Eigentumsgarantie gewährleistet allerdings dem Bürger nicht völlig ungehinderten Gebrauch der in seinem Eigentum befindlichen Gegenstände. Nach Abs. 2 von Art. 22ter BV ist es vielmehr Bund und Kantonen gestattet, auf dem Weg der Gesetzgebung im öffentlichen Interesse Enteignung und Eigentumsbeschränkungen vorzusehen. Dass auch die Gemeinde, und zwar sogar gegen den Willen des Kantons, Eigentumsbeschränkungen wie zum Beispiel Abbruchverbote anordnen darf, so etwa zur Erhaltung eines ortstypi-

schen Bauernhauses, ist vom Bundesgericht in einem allerneuesten Entscheid festgehalten worden (BGE 115 Ia 27ff).

Eigentumsbeschränkungen dürfen jedoch nicht nach Belieben errichtet werden. Über deren Zulässigkeit besteht eine in die Zeit vor Erlass des Artikels 22ter BV zurückreichende Praxis des Bundesgerichtes (so BGE 89 I 384 und BGE 90 I 340 aus den Jahren 1963 bzw. 1964), die in neueren Entscheiden im wesentlichen bestätigt wurde und verlangt, dass eine Beschränkung der Eigentümerbefugnisse auf einer gesetzlichen Grundlage beruhen, im überwiegenden öffentlichen Interesse liegen und verhältnismässig sein müsse, damit sie die Eigentumsgarantie nicht verletze (so BGE 109 Ia 258; 110 Ia 33; 113 Ia 362 Erw. 6b).

Insbesondere bei schweren Eingriffen in das Privateigentum braucht es eine gesetzliche Grundlage, die klar und eindeutig ist (BGE 108 Ia 35 Erw. 3a Abs. 3).

Und das öffentliche Interesse, welches die Beschränkung zu rechtfertigen hat, muss umso grösser sein, je intensiver in private Rechte eingegriffen wird (BGE 114 Ia 123 Abs. 2).

Auch dem Aspekt der Rechtsbeständigkeit ist Beachtung zu schenken. Die Verwirklichung des geltenden Rechts geniesst jedoch Vorrang (BGE 114 Ia 32ff).

Entschädigungspflicht in besonderen Fällen

Bei Enteignung sowie dort, wo Eigentumsbeschränkungen in ihrer Wirkung einer Enteignung gleichkommen (sogenannte materielle Enteignung), ist überdies dem Eigentümer volle Entschädigung zu leisten (Art. 22ter Abs. 3 BV).

Die materielle Enteignung ergibt sich in den folgenden zwei Situationen[7]:

> - *... wenn einem Eigentümer der bisherige oder ein voraussehbarer künftiger Gebrauch seiner Sache untersagt oder besonders stark eingeschränkt wird, weil dem Eigentümer eine wesentliche, aus dem Eigentum fliessende Befugnis entzogen wird* (BGE 109 Ib 15 Erw. 2).
> - *Geht der Eingriff weniger weit, so wird gleichwohl eine materielle Enteignung angenommen, falls ein einziger oder einzelne Grundeigentümer so betroffen werden, dass ihr Opfer gegenüber der Allgemeinheit unzumutbar erschiene und es mit der Rechtsgleichheit nicht vereinbar wäre, wenn hiefür keine Entschädigung geleistet würde* (ebenfalls BGE 109 Ib 15 Erw. 2; man spricht in diesem Fall von einem *Sonderopfer*).

Unter dem künftigen – «besseren» – Gebrauch eines Grundstücks versteht das Bundesgericht vor allem die Möglichkeit der Überbauung (BGE 112 Ib 108 Erw. 2a unten; 112 Ib 390 oben). Diese Möglichkeit der *besseren Nutzung* soll jedoch nur dann beachtlich sein, *wenn im massgebenden Zeitpunkt anzunehmen war, sie lasse sich mit hoher Wahrscheinlichkeit in naher Zukunft verwirklichen* (BGE 112 Ia 389/90). Demgemäss zieht also ein Bauverbot keine Entschädigungspflicht nach sich, wenn mit einer Überbauung in naher Zukunft auch bei ungesteuertem Lauf der Dinge nicht hätte gerechnet werden können.

Im weiteren erfordern Massnahmen, die dem Schutz vor Gefahren dienen, also etwa Bauverbote in lawinengefährdeten Gebieten, keine Entschädigungen (BGE 96 I 350ff; 106 Ib 330ff).

Im Lichte der vorerwähnten Grundsätze sind vom Bundesgericht beispielsweise Redimensionierung zu gross bemessener Bauzonen, Reduktionen der zulässigen baulichen Ausnützung sowie Schutz erhaltenswürdiger Bauten als entschädigungslos zulässig anerkannt worden.

> *Mit der gestützt auf Art. 22quater BV angeordneten Begrenzung des Baugebiets hat der Gesetzgeber für das ganze Gebiet der Eidgenossenschaft einheitlich den Inhalt des Grundeigentums ausserhalb der Bauzonen festgelegt. Wie das Bundesgericht wiederholt erkannt hat, löst diese Inhaltsbestimmung grundsätzlich keine Entschädigungspflicht aus...* (Zbl. 91 (1990), S. 37).

Das Recht, auf eigenem Boden bauen zu dürfen, ist heute also nicht mehr zum vornherein Bestandteil des Grundeigentums.

Zusammenfassung

Es lässt sich festhalten, dass Entschädigungspflicht bei Eigentumsbeschränkungen eher ausnahmsweise, in besonders gelagerten Einzelfällen entsteht.[8]

Zivilrecht und bäuerliches Bodenrecht[9]

Grundsatz der Privatautonomie

Die wirtschaftlichen Beziehungen zwischen den Bürgern werden beherrscht von der sogenannten Privatautonomie: Jede handlungsfähige Person ist grundsätzlich befugt, Berechtigungen und Verpflichtungen zu begründen, Gegenstände zu erwerben und zu veräussern.[10] Freiheitsrechte (siehe vorn, S. 15 oben und S. 15ff), insbesondere Eigentumsgarantie sowie Handels- und Gewerbefreiheit, schaffen den verfassungsrechtlichen Rahmen.

Zwar durch Vorschriften stark eingeengt, bleibt auch der Landwirt immer noch ein Stück weit freier Unternehmer – arbeite er nun auf eigenem Land oder auf Pachtland.[11]

Kompetenzordnung und wichtigste Bundesgesetze

Gemäss Art. 64 BV ist der Bund zur Gesetzgebung auf dem Gebiete des Zivilrechts befugt. Auf dieser Kompetenz beruhen als wichtigste Erlasse Zivilgesetzbuch (ZGB)[12] und Obligationenrecht (OR)[13]. Deren Bestimmungen sind jedoch in bezug auf die Landwirtschaft wiederholt durch Sondervorschriften ergänzt, geändert oder ersetzt worden, so durch:

- Bundesgesetz vom 12. Dezember 1940 über die Entschuldung landwirtschaftlicher Heimwesen (LEG)[14]
- Bundesgesetz vom 12. Juni 1951 über die Erhaltung des bäuerlichen Grundbesitzes (EGG)[15]
- Bundesgesetz vom 4. Oktober 1985 über die landwirtschaftliche Pacht (LPG)[16].

Neu liegt nun eine Botschaft des Bundesrates vom 19. Oktober 1988[17] zu einem Bundesgesetz über das bäuerliche Bodenrecht (BGBB) sowie zum Bundesgesetz über die Teilrevision des Zivilgesetzbuches (Immobiliarsachenrecht) und des Obligationenrechts (Grundstückkauf) vor dem eidgenössischen Parlament (eingehender hierüber hinten, S. 19).

Die verfassungsmässige Grundlage, um den Verkehr mit dem landwirtschaftlichen Boden besonderen Regeln zu unterwerfen, besitzt der Bundesgesetzgeber in Art. 31bis BV, und dort vor allem in Abs. 3, wo es heisst: *Wenn das Gesamtinteresse es rechtfertigt, ist der Bund befugt, nötigenfalls in Abweichung von der Handels- und Gewerbefreiheit, Vorschriften zu erlassen:*

a ....
b zur Erhaltung eines gesunden Bauernstandes und einer leistungsfähigen Landwirtschaft sowie zur Festigung des bäuerlichen Grundbesitzes;
c ....
d ....
e ....

Die in dieser Verfassungsbestimmung ins Auge gefassten Ziele sind so hoch bewertet, dass sogar Abweichungen von der sonst allgemein geltenden Handels- und Gewerbefreiheit als zumutbar erachtet werden.

Kantonales Recht bleibt im Sachgebiet des Zivilrechts und des bäuerlichen Bodenrechts im wesentlichen auf das Verfahren begrenzt.

Der Boden ist bekanntlich Grundlage für die Landwirtschaft. Landwirtschaftliches Bodenrecht hat damit nicht nur wirtschaftliche und soziale, sondern auch kulturelle Aufgaben. Es ist nämlich immer wieder darauf hinzuweisen, dass die Schweiz ursprünglich im ganzen besehen weit stärker von bäuerlicher und dörflicher als von städtischer oder aristokratischer Lebensweise geprägt wurde.

Kauf und Verkauf landwirtschaftlicher Grundstücke

Der Landwirt kann mittels Kaufverträgen Land zusätzlich erwerben oder solches veräussern. Dabei gelten einstweilen, das heisst bis zum allfälligen Inkrafttreten des BGBB (siehe S. 19), noch die Art. 216 ff des Obligationenrechts (OR) über den Grundstückkauf, mit den besonderen Vorschriften über den Verkehr mit landwirtschaftlichem Boden. Solcher darf gemäss Art. 218 Abs. 1 OR nach einem Erwerb während einer Sperrfrist von 10 Jahren weder als Ganzes noch in Stücken weiterveräussert werden. Ausnahmen bei Vorliegen wichtiger Gründe sind möglich (Art. 218bis OR).

Der in Geldschwierigkeiten geratene R räumte der Firma G AG zur Sicherstellung eines ihm gewährten Darlehens, innerhalb der Sperrfrist und ohne dass eine Ausnahmebewilligung erteilt worden wäre, ein Kaufsrecht ein. Die G AG trat das Kaufsrecht an die A AG ab, die von diesem Gebrauch machte. Im Berufungsverfahren erklärte das Bundesgericht den Kaufrechtsvertrag als ungültig (BGE 113 II 59 ff).

Kein Grund zur Verweigerung einer Ausnahmebewilligung ist es nach Bundesgericht, wenn vom Weiterveräusserer ein die Kosten des Erwerbs übersteigender Erlös erzielt wird, sofern lediglich keine Spekulation vorliegt. Art. 218 OR sei kein Instrument der Bodenpreiskontrolle (BGE 110 II 213 ff) (zum Begriff der Spekulation: BGE 110 II 217 Erw. 5a).

Für Bauland gilt die Sperrfrist nicht (Art. 218 Abs. 2 OR).

So wurde einer Parzelle, die in einen Quartierplan einbezogen und einer Industriezone zugewiesen war, die Eigenschaft des landwirtschaftlichen Grundstücks abgesprochen (BGE 110 II 466 ff).

Unumgänglich ist, in diesem Zusammenhang auf die bodenrechtlichen Beschlüsse des eidgenössischen Parlamentes hinzuweisen, durch welche auch für nichtlandwirtschaftliche Grundstücke nach Handänderungen eine Sperrfrist, wenn auch eine kürzere, gilt.[18]

Bemerkung
Zweck dieser besonderen Bestimmungen für landwirtschaftliche Grundstücke ist es, den bäuerlichen Boden so weit wie möglich von den unberechenbaren Bewegungen des Grundstückmarktes und der Spekulation fernzuhalten und eine Umlagerung des landwirtschaftlichen Eigentums zu bremsen. Dass die Sperrfrist nach Art. 218 ff OR bei Bauland nicht gilt, lässt den Grundgedanken durchschimmern, Überbauung sei schliesslich letzte Bestimmung eines jeden Grundstücks und dementsprechend das landwirtschaftliche Gebäude ein Abbruchobjekt – allenfalls mit kürzerer oder längerer Gnadenfrist.

Weitere Schranken für Veräusserung und Erwerb bäuerlichen Bodens

Das Bundesgesetz über die Erhaltung des bäuerlichen Grundbesitzes (EGG) hat ebenfalls eine strukturbewahrende Aufgabe. Es gibt – unter anderem – den Kantonen die Möglichkeit, gegen den Erwerb von landwirtschaftlichen Gewerben und Grundstücken ein Einspracheverfahren einzurichten (Art. 18 ff EGG), wovon in siebzehn Kantonen[19] Gebrauch gemacht wurde. Die zuständige Behörde darf Einsprache erheben, wenn ein Grundstückhandel offensichtlich zum Zweck der Spekulation oder des Güteraufkaufs erfolgt. Das Verfahren kann bis vor das Bundesgericht gezogen werden.

Durchaus im Sinne unserer Zielsetzungen wurde ein aufgrund dieses Gesetzes seitens der kantonalen Behörden erhobener Einspruch gegen den Verkauf von landwirtschaftlichen Wohn- und Ökonomiegebäuden geschützt. Die Eigentümerin hatte als Verkaufsgrund die Baufälligkeit der Anlagen geltend gemacht. Dieses Argument liess das Bundesgericht nicht gelten. Wer nämlich voraussehbare und zumutbare Unterhaltsarbeiten an Gebäuden nicht vornehme, könne deren schlechten Zustand nicht als wichtigen Grund für Verkauf und Aufhebung des landwirtschaftlichen Gewerbes anführen (BGE 109 Ib 90 ff).

Die Eigentümer eines in der Landwirtschaftszone gelegenen und entsprechend genutzten Grundstücks von rund 1,8 ha Fläche verkauften dasselbe einem Kiesunternehmer zum durchschnittlichen Quadratmeterpreis von Fr. 22.50. Das Bundesgericht schützte die Einsprache des Kantons. Das betreffende Grundstück sei offensichtlich zum *Zweck der Spekulation* erworben worden. Das EGG habe zu verhindern, *dass landwirtschaftlich genutzter Boden (in der Regel unter Bezahlung eines entsprechenden höheren Preises) zu anderen als landwirtschaftlichen Zwecken erworben wird*. Allfällige beachtenswerte Interessen des Käufers, wie die längerfristige Sicherung seines Kiesunternehmens, könnten dabei keine Berücksichtigung finden (BGE 114 II 167 ff).

Ebenfalls vom Bundesgericht als Spekulation eingestuft wurde der Erwerb von (nicht kieshaltigem) Land durch einen Kiesunternehmer in der Absicht, dasselbe bei sich bietender Gelegenheit gegen kieshaltigen Boden einzutauschen. Spekulation im Sinne des Landwirtschaftsrechts liege immer vor, wenn mit dem Erwerb eines Grundstücks ein Gewinn durch Weiterveräusserung innert kurzer Zeit oder durch andere Verwendung des bisher landwirtschaftlich genutzten Bodens angestrebt werde (BGE 113 II 535 ff).

Ein Bauer verkaufte einem Architekten zum Preis von rund Fr. 50.– pro m² ein landwirtschaftlich genutztes Grundstück, das zuvor von einer Bauzone in eine sogenannte Reservezone zurückgezont worden war. Auf erfolgreiche Einsprache hin wurde das Kaufgeschäft aufgehoben (BGE 115 II 167 ff).

Gemäss Bundesgericht widerspräche es auch dem Zweck des EGG, den Erwerb eines landwirtschaftlichen Heimwesens *zu einem ungewöhnlich hohen Preis* zuzulassen, bloss weil der Erwerber ihn durch den Tausch von Bauland bezahlen könne (BGE 115 II 380 ff).

Anderseits hat das Bundesgericht einem 70jährigen, bei schlechter Gesundheit befindlichen Bauern, der rund einen Fünftel seines Bodens zu einem Quadratmeterpreis von Fr. 6.– an einen jüngeren Landwirt veräussern wollte, um Schulden bezahlen und am verlotterten, von 1834 stammenden Wohnhaus dringende Reparaturen ausführen zu können, schutzwürdige Gründe zugebilligt und, entgegen dem Entscheid der kantonalen Stellen, den Verkauf gestattet (BGE 113 II 292 ff). Es hat also die Bewahrung des Gebäudes als Heim des langjährigen Eigentümers für wichtiger erachtet als die Erhaltung eines genügend grossen Vollerwerbsbetriebs.

Es geht grundsätzlich darum, die landwirtschaftliche Nutzung des Bodens als solche, und zwar unabhängig vom Willen des Eigentümers, gegen andere, finanziell attraktivere Nutzungsarten zu verteidigen. Rechtsgeschäfte zur Erfüllung öffentlicher Aufgaben sind gemäss Art. 21 Abs. 1 Buchst. b EGG vom Einspracheverfahren ausgenommen.

Als zulässig erachtete es das Bundesgericht, als eine Gemeinde Land kaufte, um es mit einem Landwirt gegen Boden einzutauschen, den sie zur Erfüllung öffentlicher Aufgaben benötigte (BGE 113 II 539 ff), als unzulässig hingegen den Erwerb eines gesamten Heimwesens durch eine Stadtgemeinde, lediglich als Landreserve und ohne eine klare Vorstellung über die künftige Verwendung (BGE 115 II 371 ff).

Im weiteren besteht gemäss Art. 6 ff EGG beim Verkauf eines landwirtschaftlichen Gewerbes oder wesentlicher Teile davon ein gesetzliches Vorkaufsrecht der Nachkommen, des Ehegatten und der Eltern des bisherigen Eigentümers (in der hier aufgeführten Reihenfolge). Vgl. hiezu BGE 115 II 175 ff.
Die Praxis zum geltenden EGG dürfte auch unter der Herrschaft eines allfälligen neuen Gesetzes (siehe unten, S. 19) nicht jede Bedeutung verlieren.

Landwirtschaftliches Erbrecht

Erbrechtliche Vorgänge vermögen bekanntlich stark verändernde Einflüsse auf einen landwirtschaftlichen Betrieb auszuüben. Deshalb ist zu begrüssen, dass bei den Bestimmungen über die Teilung der Erbschaft für die landwirtschaftlichen Gewerbe besondere Vorschriften gelten (Art. 619 ff ZGB)[20].
Die Betriebe sollen wenn möglich als lebensfähige Einheiten erhalten und vor Zerstückelung verschont bleiben, indem sie einem einzigen zur Betriebsführung geeigneten Erben zum Ertragswert zugewiesen werden (Art. 620 Abs. 1 ZGB). Ziel ist also Weiterführung der bestehenden betrieblichen Verhältnisse unter einem neuen Eigentümer, was aus unserer Sicht zu begrüssen ist.

Wesentliches Kriterium für die ungeteilte Zuweisung eines Grundstücks ist die Zonenordnung. So wurden beispielsweise auf Begehren einer Miterbin 2 ha eines Landwirtschaftsbetriebes, die der Industriezone angehörten, von der ungeteilten Zuweisung zum Ertragswert ausgenommen. Dies, obwohl das fragliche Areal nicht erschlossen war (BGE 113 II 484 ff).

Schon der Entwurf zu einem neuen Zonenplan ist geeignet, den Entscheid über die Zuweisung eines landwirtschaftlichen Gewerbes zu beeinflussen (BGE 113 II 136ff).

Der Erbe, dem das Gewerbe zugewiesen wird, muss für die Übernahme geeignet erscheinen. Diese Eignung wurde der 76jährigen Schwester eines kinderlos verstorbenen Bauern, der am Lebensende sämtliches Land verpachtet hatte, nicht zugebilligt (BGE 114 II 225ff).

Veräussert der Erbe innert 25 Jahren ein Grundstück weiter, das er bei der Erbteilung zu einem niedrigeren als dem Verkehrswert übernehmen konnte, so ist er zur Teilung des Gewinns mit den Miterben verpflichtet (Art. 619 ZGB).

Der Entwurf zu einem Bundesgesetz über das bäuerliche Bodenrecht

Gemäss Botschaft (des Bundesrates) zum Bundesgesetz über das bäuerliche Bodenrecht (BGBB) sowie zum Bundesgesetz über die Teilrevisionen des Zivilgesetzbuches (Immobiliarsachenrecht) und des Obligationenrechts (Grundstückkauf) vom 19. Oktober 1988[21] sollen bisher verstreute Bestimmungen des bäuerlichen Bodenrechts in einem einzigen Gesetz zusammengefasst, LEG und EGG aufgehoben, das ZGB insbesondere von den Vorschriften über die Erbteilung bei landwirtschaftlichen Grundstücken entlastet und das OR von den besonderen Regeln bezüglich Kauf von landwirtschaftlichen Grundstücken befreit werden. Dabei sollen manche bisherigen, als zweckmässig erachteten Regelungen auch im neuen Gesetz ihren Platz finden.

Das vorgeschlagene BGBB hätte vor allem zum Ziel, lebensfähige Betriebe als Ganzes zu bewahren und beim Erwerb landwirtschaftlichen Bodens den Selbstbewirtschafter zu begünstigen, vom landwirtschaftlichen Bodenmarkt hingegen auszuschliessen, wer Grundstücke als Kapitalanlage oder als Spekulationsobjekte erwerben möchte (vgl. Ziff. 212.3 der Botschaft).

Das neue Gesetz soll gelten für landwirtschaftliche Grundstücke, die sich in einer Landwirtschafts- oder Schutzzone, nicht jedoch für solche, die sich in einer Bauzone befinden. Eine für uns wichtige Ausnahme: Das Gesetz soll ebenfalls anwendbar sein auf *Grundstücke und Grundstückteile mit landwirtschaftlichen Gebäuden und Anlagen, einschliesslich angemessenem Umschwung, die nicht in der Landwirtschaftszone oder einer Schutzzone liegen und die zu einem landwirtschaftlichen Gewerbe gehören* (Art. 2 Abs. 2 Buchst. a des Entwurfs zum BGBB).

Bei der Erbteilung sind landwirtschaftliche Gewerbe nach geltendem Recht möglichst einem Selbstbewirtschafter zum Ertragswert zuzuweisen.

Ähnlich geregelt ist die Aufhebung gemeinschaftlichen Eigentums an landwirtschaftlichen Gewerben. Ein Mit- oder Gesamteigentümer kann die Zuweisung des gesamten Gewerbes zu Alleineigentum beanspruchen, wenn er es selber bewirtschaften will und hiefür geeignet erscheint.

Bei Veräusserung eines landwirtschaftlichen Gewerbes wäre künftig die Zustimmung beider Ehegatten erforderlich, wenn sie das Gewerbe gemeinsam bewirtschaften. Zudem besteht ein gesetzliches Vorkaufsrecht von Nachkommen und Geschwistern, sogar von Pächtern. Die Kantone können bestimmte weitere Vorkaufsrechte festlegen.

Das vorgeschlagene Gesetz enthält Verbote der Realteilung landwirtschaftlicher Gewerbe und der Zerstückelung landwirtschaftlicher Grundstücke.

Weiter unterläge der Kauf landwirtschaftlicher Gewerbe und Grundstücke in der ganzen Schweiz – also nicht mehr nur wie bis anhin entsprechend dem Willen der Kantone – einem Einspracheverfahren. Dies, wenn geltend gemacht würde, dass der beabsichtigte Erwerb überwiegend als Kapitalanlage oder zur Spekulation erfolge oder ein übersetzter Preis vereinbart sei, zudem dann, wenn der Käufer nach dem Erwerb mehr landwirtschaftliche Grundstücke besässe, *als für eine überdurchschnittlich gute Existenz einer bäuerlichen Familie nötig sind* (Art. 64 Abs. 1 Buchst. d des Entwurfs) oder wenn das zu erwerbende Grundstück ausserhalb des Bewirtschaftungsbereichs des Erwerbers läge.

Als Massnahme gegen die Überschuldung wird festgelegt, dass landwirtschaftliche Grundstücke nur bis zur Höhe von 35% über dem Ertragswert mit Grundpfandrechten belastet werden dürfen.

Schliesslich schlägt der Entwurf zum BGBB einen neuen Art. 613a ZGB vor: Wo beim Tod des Pächters ein Erbe die Pacht allein weiterführt, kann dieser verlangen, dass ihm das gesamte Inventar (Vieh, Gerätschaften, Vorräte usw.) unter Anrechnung auf seinen Erbteil zum Nutzwert zugewiesen wird.

Zusammenfassung

Das vorgeschlagene BGBB vermöchte mitzuhelfen, dass landwirtschaftliche Betriebe – beruhen sie nun auf Eigentum oder auf Pacht – vor Aufsplitterung bewahrt und über die Dauer einer Generation hinaus bestehen blieben. Damit trüge es auch zur Bewahrung der baulichen Verhältnisse bei.

Ergänzungsvorschlag

Zu Recht wird angestrebt, landwirtschaftliche Betriebe und Gebäude im Interesse einer zweckmässigen Nutzung im Alleineigentum und zur Selbstbewirtschaftung zu erhalten. In Gegenden, wo früher Realteilung üblich war, sind trotzdem gerade an Ökonomiegebäuden oft mehrere Personen mit entsprechend kleinen Miteigentumsanteilen berechtigt. Dass dabei Erhaltung und zweckmässige Benützung des Objekts wegen unterschiedlichem Interesse der vielleicht weit entfernt lebenden Beteiligten schwierig wird, leuchtet ein. Das BGBB sollte deshalb durch ein «Übernahmerecht des Hauptinteressierten» ergänzt werden, etwa folgenden Inhaltes: Wo ein landwirtschaftliches Gebäude, das nur einem einzigen Betrieb sinnvoll zu dienen vermag, im gemeinschaftlichen Eigentum zweier oder mehrerer Personen steht, kann der betrieblich am meisten interessierte Landwirt verlangen, dass ihm das Objekt zum Gebäudewert zu alleinigem Eigentum zugewiesen werde, sofern er oder sein Ehegatte wenigstens zu 1/16 daran berechtigt ist.

Die landwirtschaftliche Pacht

Ein Landwirt kann die Betriebsgrösse verändern, indem er Grundstücke pachtet oder verpachtet. Dann sind die Art. 275ff OR über die Pacht sowie die Vorschriften des Bundesgesetzes vom 4. Oktober 1985 über die landwirtschaftliche Pacht (LPG) zu beachten. Es gibt Bewirtschafter, die gänzlich oder vorwiegend auf Pachtland angewiesen sind.

Kennzeichnend für die landwirtschaftliche Pacht nach LPG ist einmal die verhältnismässig lange Vertragsdauer (Art. 77ff LPG). Sie beträgt in der Regel mindestens neun Jahre bei ganzen Gewerben und sechs Jahre bei einzelnen Grundstücken. Eine kürzere Pachtdauer wird unter anderem behördlich bewilligt, wenn der Pachtgegenstand ganz oder teilweise in einer Bauzone im Sinne des Raumplanungsgesetzes (vgl. hinten, S. 21) liegt und für die Verkürzung *wichtige Gründe der Raumplanung* bestehen. Wird der Pachtgegenstand veräussert, so bleibt das Pachtverhältnis bestehen (*Kauf bricht Pacht nicht*, Art. 14 LPG), ausser wenn der Erwerb zur Selbstbewirtschaftung erfolgte. Eine juristische Person, die das Land von einem Dritten und nicht durch ihre Mitglieder oder Gesellschafter selber bewirtschaften lässt, ist nicht Selbstbewirtschafter (BGE 115 II 181ff). Zudem wird auch hier ein Türchen zugunsten der Bauentwicklung offen belassen: So kann der Erwerber den Pachtvertrag etwa dann auflösen, wenn er das Grundstück *unmittelbar zu Bauzwecken* erwirbt (Art. 15 Abs. 1 LPG). Eine zusätzliche Interessenabwägung wird nicht vorgeschrieben. Der Pächter müsste sich also vom Gewerbe vertreiben lassen, damit beispielsweise Zweitwohnungsbauten erstellt werden können. Zwar hat der Pächter die Möglichkeit, auf Erstreckung des Vertragsverhältnisses zu klagen, jedoch um höchstens zwei Jahre (Art. 15 Abs. 3 LPG).

Beim Tod des Pächters können Ehegatte und Nachkommen Eintritt in den Pachtvertrag erklären (Art. 18 LPG). Bei Kündigung und bei Ablauf befristeter Pachtverträge besteht die Möglichkeit, auf Erstreckung der Pacht zu klagen (Art. 26 LPG). Liegt jedoch das Pachtgrundstück in einer Bauzone und soll es in naher Zukunft überbaut werden, so geht der Wunsch des Grundeigentümers nach Überbauung vor (Art. 27 Abs. 2 Buchst. e LPG).

Das landwirtschaftliche Pachtrecht erstrebt Erhaltung existenzfähiger Familienbetriebe. So ist die parzellenweise Verpachtung eines ganzen Gewerbes bewilligungspflichtig (Art. 30ff LPG). Und wenn jemand Land über das Ausmass des bereits eine *überdurchschnittlich gute Existenz* bietenden Betriebes hinaus dazupachtet, so kann hiegegen Einsprache erhoben werden (Art. 33ff LPG). Schrankenlosem Wachstum einzelner Betriebe will Einhalt geboten werden.

Bemerkung
Auch die Bestimmungen über die Pacht landwirtschaftlicher Grundstücke dienen der Erhaltung bestehender betrieblicher Verhältnisse, wirken sich bewahrend auf die vorhandenen Strukturen und damit indirekt auf den Bestand der landwirtschaftlichen Bauten aus. Vor raumplanungsrechtlich ausgewiesenen Bauinteressen müssen jedoch Pächterinteressen zurückweichen.

Folgerungen

Die geltenden zivilrechtlichen und besonders die im vorgeschlagenen BGBB enthaltenen Bestimmungen sind aus unserer Sicht nützlich. Da bei Umwandlung von landwirtschaftlichem in überbaubaren Boden auf die Raumplanung abgestellt wird, müssten im Raumplanungsrecht (siehe unten) zusätzliche Bremsen auch gegen leichtfertige Preisgabe von gebautem Kulturgut eingeschaltet werden.

Raumplanungsrecht und Baurecht

Kompetenzordnung

Nach Art. 22quater Abs. 1 BV stellt der Bund *auf dem Wege der Gesetzgebung Grundsätze auf für eine durch die Kantone zu schaffende, der zweckmässigen Nutzung des Bodens und der geordneten Besiedlung des Landes dienende Raumplanung*. Diese Bestimmung besagt also, es sei Pflicht der Kantone, die Planung für ihr Territorium zu erarbeiten. Der Bund hat nach Art. 22quater Abs. 2 BV in der Raumplanung mit den Kantonen zusammenzuarbeiten und deren Bestrebungen zu koordinieren. Und schliesslich ist der Bund gemäss Abs. 3 des Verfassungsartikels gehalten, bei Erfüllung seiner eigenen Aufgaben die Erfordernisse von Landes-, Regional- und Ortsplanung zu berücksichtigen.

Die Kompetenzen des Bundes sind im Bundesgesetz vom 22. Juni 1979 über die Raumplanung (RPG)[22] verwirklicht worden. Dieses enthält nur wenige gegenüber dem Bürger direkt anwendbare Vorschriften. Kantonale Planungs- und Baugesetze bleiben deshalb unentbehrlich.

Auf bundesrechtlicher Ebene ist noch die Verordnung vom 2. Oktober 1989 über die Raumplanung (RPV)[23] zu erwähnen, welche an die Stelle eines gleichbenannten vorangegangenen Erlasses trat.

Die kulturellen Elemente der Landschaft im Rahmen der Ziele und Grundsätze der Raumplanung

Nach Art. 1 Abs. 1 RPG sorgen Bund, Kantone und Gemeinden dafür, dass *der Boden haushälterisch genutzt wird*. Sie erstellen eine auf die *erwünschte Entwicklung des Landes ausgerichtete Ordnung der Besiedlung*. Dabei achten sie auf die *natürlichen Gegebenheiten sowie auf die Bedürfnisse von Bevölkerung und Wirtschaft.* Was unter *erwünschter Entwicklung des Landes* zu verstehen ist, sagt das Gesetz nicht ausdrücklich. Es gewährt somit Spielraum für sich im Laufe der Zeit – aufgrund neuer Erkenntnisse und veränderter Wertmassstäbe – wandelnde Auffassungen. Immerhin lassen sich Anhaltspunkte über die *erwünschte Entwicklung* aus den weiteren Ausführungen des Gesetzes über die Planungsziele (Art. 1 Abs. 2) und aus den formulierten *Planungsgrundsätzen* (Art. 3) gewinnen. So soll die Raumplanung mithelfen, *die Landschaft zu schützen* (Art. 1 Abs. 2 Buchst. a) und etwa auch das *kulturelle Leben in den einzelnen Landesteilen* zu fördern (Buchst. c). Zur Landschaft – bei uns zur Hauptsache eine Kulturlandschaft – gehören unzweifelhaft die von Menschen gestalteten Elemente. Und unter Förderung des kulturellen Lebens darf auch Bewahrung und Pflege bereits vorhandener Zeugen der örtlichen Kultur verstanden werden.

Unter den Planungsgrundsätzen – sie sind von allen mit Planungsaufgaben betrauten Behörden zu beachten – erwähnt das RPG unter anderem, *die Landschaft ist zu schonen*, dass *der Landwirtschaft genügende Flächen geeigneten Kulturlandes erhalten bleiben* und *Siedlungen, Bauten und Anlagen sich in die Landschaft einordnen* sollen (Art. 3 Abs. 2, insbesondere Buchst. a und b); ferner dass die Siedlungen *in ihrer Ausdehnung zu begrenzen* seien (Art. 3 Abs. 3).

Bei der für die Behörden verbindlichen Richtplanung, haben die Kantone unter anderem festzustellen, welche *Gebiete sich für die Landwirtschaft eignen* und welche *besonders schön, wertvoll, für die Erholung oder als natürliche Lebensgrundlage bedeutsam sind* (Art. 6 Abs. 2 RPG). Dass dieselbe Fläche unter Umständen beide Voraussetzungen zugleich erfüllen kann, ist unumstritten.

Zusammenfassung
Es lässt sich feststellen, dass manche im RPG ausgedrückten Gedanken die in vorliegender Arbeit dargestellten Anliegen unterstützen.

Bauzonen und Nichtbauzonen

Die der Richtplanung folgende Planungsstufe, die Nutzungsplanung, ordnet, nun auch für den Grundeigentümer verbindlich, die zulässige Nutzung des Bodens und unterscheidet dabei vorab Bau-, Landwirtschafts- und Schutzzonen (Art. 14 RPG).

Nach Art. 15 RPG umfassen Bauzonen Land, das sich für die Überbauung eignet und weitgehend überbaut ist oder voraussichtlich innert 15 Jahren benötigt und erschlossen wird. Das RPG geht offenbar davon aus, dass kontinuierliches und irreversibles Wachsen der Bauzonen ein bis zur Ausschöpfung aller Landreserven andauernder und zugleich alle Zeugnisse der zuvor vorhandenen Kulturlandschaft wegfegender Vorgang sei. Der Einbau eines Hemmnisses erscheint deshalb angezeigt.[24] Einen erfreulichen Ansatz in dieser Richtung bildet Art. 26 Abs. 2 der neuen RPV: Beim Erlass neuer Nutzungspläne ist darzulegen, welche *Nutzungsreserven im weitgehend überbauten Gebiet bestehen und wie diese Reserven haushälterisch genutzt werden sollen.* – Also zuerst das überbaute Gebiet besser nutzen und dann zusätzlich einzonen…

Die Erweiterung der Bauzonen sollte von der Regel zur Ausnahme werden, die besonders zu begründen und mit Kompensationsleistungen zugunsten der Landschaft zu belegen wäre.

Kleinsiedlungen ausserhalb der Bauzonen

Die neu erlassene RPV (siehe vorangehende Seite) befasst sich in einem eigenen Abschnitt mit der *Erhaltung bestehender Bausubstanz*. In Art. 23 wurde neu die Möglichkeit besonderer Zonen (wie Weiler- oder Erhaltungszonen) zur Bewahrung bestehender Kleinsiedlungen ausserhalb der Bauzonen geschaffen, sofern die kantonalen Richtpläne eine entsprechende Absichtserklärung enthalten. – Mit derartigen Zonen wird allerdings die endlich bei der Bevölkerung und in der Rechtspraxis durchgesetzte strenge Grenze zwischen Bauzonen und Nichtbauzonen etwas undeutlicher. – Es wird abzuwarten sein, in welchem Sinne das neue Planungsinstrument Verwendung findet.

Von dieser neuen Zonenart ist die Bauernhofzone zu unterscheiden, welcher noch besondere Ausführungen gewidmet werden (vgl. S.25).

Bewilligungspflicht für Errichtung und Änderung von Bauten und Anlagen

Nach Art. 22 Abs. 1 RPG dürfen Bauten und Anlagen[25] nur mit behördlicher Bewilligung errichtet oder geändert werden. Eine Bewilligung setzt unter anderem voraus, dass ein projektiertes Vorhaben der betreffenden Nutzungszone entspricht (Art. 22 Abs. 2 Buchst. a RPG).[26]

Eine Bewilligung ist auch erforderlich, wenn etwa eine bestehende Baute in der Landwirtschaftszone einem anderen Nutzungszweck zugeführt werden soll. Dabei kommt es nicht darauf an, ob mit der Nutzungsänderung bauliche Massnahmen verbunden sind oder nicht (BGE 113 I b 223 Erw. 4d Abs. 2).

Bauten in der Landwirtschaftszone

In der Landwirtschaftszone[27] sind nicht alle irgendwie mit Urproduktion oder Tierhaltung in Zusammenhang stehenden Ökonomie- und Wohnbauten zum vornherein zonenkonform. Es ist vielmehr erforderlich, dass die Baute aus technischen oder betriebswirtschaftlichen Gründen oder wegen der Bodenbeschaffenheit ausserhalb der Bauzone erstellt werden muss. Der Aussiedlung landwirtschaftlicher Betriebe ist mit Zurückhaltung zu begegnen. Sie ist abzulehnen, wenn die bestehenden zum Betrieb gehörenden Wohn- und Ökomiegebäude in einer Bauzone liegen, in welcher landwirtschaftliche Bauten zulässig sind, und wenn die Beibehaltung der bestehenden Anlagen, allenfalls unter Vornahme notwendiger Sanierungs- und Renovationsarbeiten, für den Betriebsinhaber zumutbar ist (Zbl. 91 (1990), S. 358 ff., Entscheid des Bundesgerichtes vom 13. Juni 1989).

Im folgenden seien einige weitere, in diesem Zusammenhang vom Bundesgericht aufgestellte Grundsätze erwähnt:
– *... l'implantation de constructions et d'installations ne peut être autorisée que dans la mesure où ces ouvrages sont en rapport étroit avec l'exploitation agricole* (BGE 112 Ib 261 Erw. 2a Abs. 2);
– *... les bâtiments et installations servant à l'exploitation agricole (étables, granges, silos, hangars) doivent être adaptés, notamment par leur importance et leur implantation, aux besoins objectifs de cette activité* (BGE 114 Ib 133/4 Erw. 3);
– *Der landwirtschaftliche Zweck darf auch nicht Vorwand sein, um eine im Vordergrund stehende Wohnnutzung zu realisieren, welche für die Bewirtschaftung des Bodens nicht erforderlich ist* (BGE 108 Ib 133 Erw. 2).
– *Le privilège de pouvoir habiter en zone agricole appartient à un cercle de personnes relativement étroit, à savoir la population paysanne qui se consacre directement à la production agricole, aux auxiliaires et à leur famille et aux personnes âgées qui ont passé leurs années de vie active dans l'entreprise* (BGE 112 I b 262 Erw. 2a).

So wurden vom Bundesgericht als in der Landwirtschaftszone oder einer entsprechenden Zone zonengerecht anerkannt:
– ein Stallneubau (BGE 109 Ib 125 ff);
– eine Einstellhalle für landwirtschaftliche Maschinen auf einem 18 Hektaren grossen Betrieb, dessen bestehende Gebäude zu klein waren und sich nicht zur Erweiterung eigneten (BGE 114 Ib 131 ff).

Als *gerade noch dem Nutzungszweck der Landwirtschaftszone entsprechend* wurde betrachtet:
– eine auf Blumen spezialisierte Gärtnerei für ganzjährige Produktion von Schnittblumen und Topfpflanzen mittels Freilandkulturen, zwei bodenabhängigen und vier bodenunabhängigen Glashäusern samt Doppeleinfamilienhaus für die beiden Betriebsleiter (BGE 112 Ib 270 ff).

Als in einer Landwirtschafts- oder vergleichbaren Zone nicht zonengerecht hat das Bundesgericht bezeichnet[28]:
– den in einen bestehenden Heustadel einzubauenden Wohnraum auf einer Alp, da die dort weidende kleine Schafherde keiner dauernden Betreuung bedürfe (BGE 108 Ib 130 ff);
– Lehmausbeutung (BGE 108 Ib 366 Erw. 5b) und Kiesabbau (BGE 115 Ib 302 ff);
– den Neubau eines Einfamilienhauses mit Pferdestall zur hobbymässigen Pferdehaltung und den Umbau einer bestehenden Scheune in eine Pferdevolte (BGE 111 Ib 213 ff);
– die Vergrösserung eines Ferienhauses, das mit fünf anderen Häusern zusammen eine kleine Siedlung bildet (BGE 112 Ib 95 Erw. 2);
– das Wohnhaus des nichtbäuerlichen Eigentümers eines grossen Landwirtschaftsbetriebes, der von einem bereits auf dem Betrieb wohnenden Verwalter geleitet wird (BGE 112 Ib 259 ff);
– ein Gerätehäuschen für hobbymässige Landwirtschaft (Landwirtschaftszone ist kein Schrebergartenareal) (BGE 112 Ib 404 ff);
– eine Gärtnerei, die ausschliesslich mit überdeckter Produktionsfläche arbeitet und industriell organisiert ist (BGE 113 Ib 138 ff);
– den Neubau einer Remise als Ergänzungsbau zu dem in einem ursprünglich landwirtschaftlichen Gebäude untergebrachten zonenwidrigen, wenn auch geduldeten Spenglerei- und Sanitärbetrieb (BGE 113 Ib 219 ff);
– das Wohnhaus eines Landschaftsgärtners, da die Zulassung in Hinblick auf die betrieblichen Bedürfnisse und den Abstand zur nächsten Bauzone nicht gerechtfertigt erschien (BGE 113 Ib 307 ff);
– einen Schweinezuchtbetrieb, der überwiegend bodenunabhängig produziert (BGE 115 Ib 295 ff).

Ausnahmen für Bauten ausserhalb der Bauzonen

Neubauten

Nach Art. 24 Abs. 1 RPG können Bauten und Anlagen ausserhalb der Bauzonen ausnahmsweise bewilligt werden[29], sofern der Zweck der Bauten und Anlagen einen Standort ausserhalb der Bauzonen erfordert (sog. Standortgebundenheit) (Buchst. a) und zudem keine überwiegenden Interessen entgegenstehen (Buchst. b). Beide Voraussetzungen müssen zugleich erfüllt sein (so BGE 108 Ib 363 Erw. d).[30]

Nach der Rechtsprechung des Bundesgerichts darf die Standortgebundenheit nur dann bejaht werden, wenn eine Baute aus technischen oder betriebswirtschaftlichen Gründen oder wegen der Bodenbeschaffenheit auf einen bestimmten Standort ausserhalb der Bauzone angewiesen ist. Dabei beurteilen sich die Voraussetzungen nach objektiven Massstäben, und es kann weder auf die subjektiven Vorstellungen und Wünsche des Einzelnen noch auf die persönliche Zweckmässigkeit und Bequemlichkeit ankommen.... (Zbl. 91 (1990), S. 360 mit Hinweis auf BGE 113 Ib 141 ff Erw. 5a sowie 111 Ib 217).

Bejaht wurde vom Bundesgericht die Standortgebundenheit ausserhalb der Bauzone:
– bei einem Landwirtschaftsbetrieb welcher in erster Linie der Unterbringung und Beschäftigung nur beschränkt arbeitsfähiger, betreuungsbedürftiger Menschen dienen soll (BGE 112 Ib 99 ff).

Demgegenüber hat es die Standortgebundenheit verneint für:

- einen Wohnraum zur Betreuung einer kleinen Schafherde auf einer Alp, da dieselbe keiner dauernden Betreuung bedürfe (BGE 108 Ib 130ff);
- eine Halle zur Lagerung von Holz für eine bereits in der Landwirtschaftszone bestehende Schreinerei (BGE 108 Ib 359ff);
- ein Einfamilienhaus mit Pferdestall zur hobbymässigen Pferdehaltung (BGE 111 Ib 213ff);
- das Wohnhaus für den nichtbäuerlichen Eigentümer eines grossen landwirtschaftlichen Gutes, das nicht von diesem selber, sondern von einem Verwalter bewirtschaftet wird (BGE 112 Ib 259ff);
- eine Lagerhalle zu einem bestehenden Altmaterialbetrieb (BGE 112 Ib 277ff);
- ein Gerätehäuschen für hobbymässige Landwirtschaft (BGE 112 Ib 404ff);
- das Wohnhaus für den Inhaber einer in der Landwirtschaftszone nicht zonenkonformen Gärtnerei, sofern die Überwachung des Betriebs von der nahen Wohnzone beziehungsweise von einem bestehenden, dem Inhaber gehörenden Haus aus möglich sei (BGE 113 Ib 138ff);
- die Umwandlung eines ehemaligen Schweinestalles in ein Lagergebäude (BGE 113 Ib 305 Erw. 3a);
- das Wohnhaus des Inhabers einer Landschaftsgärtnerei und Baumschule (BGE 113 Ib 313 Erw. 4);
- einen Getränke- und Sandwichkiosk in einem Skigebiet, da dort bereits genügend ähnliche Verpflegungseinrichtungen bestünden (Zbl. 90 (1989), S. 537ff).

Die bremsende Haltung des Bundesgerichts gegenüber Bauvorhaben in der Landwirtschaftszone wie auch in bezug auf Ausnahmebewilligungen für Bauten ausserhalb der Bauzonen, beides vor allem mit dem Argument der haushälterischen Nutzung des Bodens, ist unter dem Gesichtspunkte der Erhaltung überlieferter Bausubstanz zu begrüssen.

Besondere Bestimmungen für «Gebiete mit traditioneller Streubauweise»

Die revidierte RPV bringt als neuen Begriff die *Abwanderungsgebiete mit traditioneller Streubauweise* (Art. 24 Abs. 1). Soweit in solchen Gebieten *die Dauerbesiedlung im Hinblick auf die anzustrebende räumliche Entwicklung gestärkt werden soll*, kann nun neuerdings die Änderung der Nutzung bestehender Gebäude zu (landwirtschaftsfremden) ganzjährigen Wohnzwecken sowie teilweise zu Gewerbezwecken als standortgebunden zugelassen werden. – Voraussetzung ist dabei, dass die betreffenden Gebiete im Richtplan ausgewiesen sind, dass das verändert zu nutzende Gebäude für die Landwirtschaft nicht mehr benötigt wird, Grundstruktur und äussere Erscheinung des Gebäudes erhalten bleiben, keine zusätzliche Verkehrserschliessung erforderlich ist und nicht überwiegende Interessen entgegenstehen (Art. 24 Abs. 3). Der Begriff Standortgebundenheit erfährt also auf dem Verordnungsweg eine erheblich über die bisherige Praxis hinausgehende Ausweitung.

Landschaften mit schützenswerten Bauten und Anlagen

Schliesslich wurde durch die neue RPV noch der Weg geöffnet, um die Änderung der Nutzung bestehender Gebäude in *Landschaften mit schützenswerten Bauten und Anlagen* ebenfalls als standortgebunden zu bewilligen (Art. 24 Abs. 2). Allerdings muss das Gebäude durch Verfügung der für Ortsbild- und Landschaftsschutz zuständigen Behörde als landschaftstypisch geschützt sein. Es muss ferner nachgewiesen werden, dass die Erhaltung der Bausubstanz nicht auf andere Weise sichergestellt werden kann. Anzustreben ist also die Erhaltung der angestammten Funktion; die Umnutzung soll weiterhin Ausnahme bleiben.
Um diesem Ziele näher zu kommen, wären vor allem die Subventions- und Meliorationsbestimmungen unseren Vorstellungen gemäss anzuwenden und, wo erforderlich, anzupassen.

Erneuerung, teilweise Änderung und Wiederaufbau von Bauten und Anlagen ausserhalb der Bauzonen

Das kantonale Recht kann nach Art. 24 Abs. 2 RPG (muss jedoch nicht) gestatten, Bauten und Anlagen zu erneuern, teilweise zu ändern oder wieder aufzubauen, wenn dies mit den wichtigen Anliegen der Raumplanung vereinbar ist. Es handelt sich hier um eine Kompetenznorm zugunsten der Kantone (BGE 107 Ib 236 Erw. 2a). Das kantonale Recht kann einschränkende Vorschriften aufstellen oder auf eine Regelung gänzlich verzichten (BGE 108 Ib 55 Erw. 3c). *Erneuerung, Wiederaufbau* und *teilweise Änderung* sind bundesrechtliche Begriffe (so BGE 108 Ib 54 Erw. 3b).
Eine Änderung kann baulicher Art sein oder in einer Zweckänderung bestehen (BGE 110 Ib 265 Erw. 3, BGE 113 Ib 223 Erw. 4d Abs. 2). Auch eine *geringfügige Erweiterung* gilt als teilweise Änderung. Dabei muss laut Bundesgericht die Identität, das heisst Wesensgleichheit, des Bauwerks gewahrt bleiben (BGE 112 Ib 97 Erw. 3).

Nicht als nur teilweise Änderung anerkannt wurde vom Bundesgericht beispielsweise, wo:
- bei einem im übrigen Gemeindegebiet gelegenen Restaurant das Platzangebot um einen Drittel vergrössert werden sollte (BGE 107 Ib 237ff);
- bei einem aus Wohn- und Ökonomieteil bestehenden älteren Bauernhaus eine Vergrösserung des Bauvolumens und eine Verdoppelung des bisherigen Wohnanteiles vorgesehen war, so dass der verbleibende Rest des Ökonomieteils nicht einmal mehr einen Viertel des Gebäudevolumens ausgemacht hätte (BGE 108 Ib 53ff);
- ein ursprünglich rein landwirtschaftlich genutztes Maiensässgebäude in ein Ferienhaus umgewandelt wurde (BGE 110 Ib 264ff);
- bei einem bestehenden, ausserhalb der Bauzone gelegenen Ferienhaus das Projekt Vergrösserung um einen Drittel vorsah (BGE 112 Ib 94ff);
- einem bereits einmal vergrösserten Altmaterialbetrieb noch eine Lagerhalle von 132 m² Grundfläche

beizufügen geplant war (BGE 112 Ib 277ff);
- ein mit landwirtschaftlichen Lenkungsmassnahmen stillgelegter Schweinestall als Lagergebäude verwendet werden wollte (BGE 113 Ib 305/6 Erw. 3b);
- in einem Alpstall, in einem Skigebiet, ein Kiosk für den Verkauf von Getränken und Sandwiches vorgesehen war (Zbl. 90 (1989), S. 537ff).

Das Recht zur bescheidenen Erweiterung zonenwidriger Bauten kann nur einmal in Anspruch genommen werden (BGE 112 Ib 278/279 Erw. 5; 113 Ib 224 Erw. 4d Abs. 3).
Bei einem Wiederaufbau muss die neue Baute der ursprünglichen in Grösse und Nutzungsart ungefähr entsprechen und darf höchstens eine teilweise Änderung miteinschliessen, wobei auch hier die Identität in den wesentlichen Zügen gewahrt bleiben muss (BGE 113 Ib 317 Erw. 3a).
Zu den Interessen, die einer Ausnahmebewilligung entgegenzustehen vermögen, gehören auch diejenigen des Natur- und Heimatschutzes (BGE 108 Ib Erw. 5b cc; 112 Ib 70ff).

Eine Bewilligung darf also allein schon aus Rücksicht auf den Schutz der Landschaft verweigert werden. So geschehen im Falle einer Kiesausbeutung bei Kerzers, Kt. FR (BGE 112 Ia 26ff); ebenso bei einer Forststrasse in Walchwil, Kt. ZG (bis jetzt nicht publizierter Bundesgerichtsentscheid vom 6. Dezember 1988).

Abbrüche von Gebäuden

Ob – insbesondere ausserhalb der Bauzonen – auch Abbrüche einer Bewilligung bedürfen, ist umstritten.[31] Aus unserer Sicht wäre diesbezüglich eine klare Regelung wünschbar und ähnlich strengen materiellen Kriterien zu unterstellen wie Neubau und Zweckänderung. Durch Beseitigung von Bestehendem kann man den Charakter einer Landschaft in mindestens so einschneidender Art umgestalten wie durch Hinzufügen von Neuem. Ein Abbruch ist zudem irreversibel: Überlieferte Bausubstanz und Zeugnis früherer Bautechnik gehen unwiederbringlich verloren.[32] Einzelne Abbrüche vermögen zudem gleichsam Kettenreaktionen auszulösen und zusätzliche Veränderungen einzuleiten.
Der durch die heutigen technischen Mittel ermöglichten raschen Umwandlung unserer erlebbaren Umwelt kann allein entgegengewirkt werden, wenn zusätzliche Bremsen eingebaut werden: Wer eine Veränderung, auch durch Abbruch, beabsichtigt, sollte ein gewichtiges Interesse nachweisen müssen. Mit einer solchen Forderung begeben wir uns keineswegs in Neuland, sondern übernehmen Regelungen, die sich etwa im Forstpolizeirecht seit Jahrzehnten bewährt haben.[33]

Schutzzonen

Neben der konsequenten Trennung zwischen Bauzonen und Nichtbauzonen ist in unserem Zusammenhang auch das Instrument der Schutzzone nach Art. 17 RPG bedeutsam. Solche Zonen umfassen etwa *kulturgeschichtlich wertvolle Landschaften* oder *bedeutende Ortsbilder, geschichtliche Stätten sowie Natur- und Kulturdenkmäler*. Zum Schutze erhaltenswürdiger Objekte sind nach RPG auch andere Massnahmen als Schutzzonen zulässig. In Betracht kommen dabei Instrumente der kantonalen Natur- und Heimatschutzrechte, die übrigens bereits seit langem zur Bewahrung überlieferten Kulturgutes eingesetzt worden sind (siehe hinten, S. 33).
Schutzzonen können sich Bauzonen und Landwirtschaftszonen überlagern. Mittels geeigneter Zonenordnung könnte also in einem landwirtschaftlich genutzten Gebiet auf Erhaltung der vorhandenen Gebäude hingewirkt und bei Bewilligung von Um- und Neubauten Zurückhaltung verlangt werden. Dabei wäre wiederum nicht nur Errichtung von Neuem, sondern auch Abbruch von Bestehendem unter Kontrolle zu halten. Zusätzlich sollte mit zielgerichteten Beiträgen – etwa an den Unterhalt schutzwürdiger Anlagen – ein den Schutzbestrebungen günstiges Klima geschaffen werden. Mit finanziellen Anreizen ist zudem auf längere Sicht hin eine Korrektur früher begangener Bausünden anzustreben.

Kantonales Raumplanungs- und Baurecht

Allgemeines

Während die einschränkenden Vorschriften des Bundesrechts für Bauten ausserhalb der Bauzonen nicht gelockert werden können, steht den Kantonen für die Bautätigkeit innerhalb der Bauzonen ein weites Feld zu freier Gestaltung offen. Neben der Zonenkonformität wird in Art. 22 RPG als Voraussetzung für eine Bauerlaubnis lediglich noch gefordert, dass *das Land erschlossen ist*. Die Ausscheidung von Bauzonen unterschiedlich dichter und hoher Ausnützung, die Festlegung von Grenz- und Gebäudeabständen, das Ziehen von Bau- und Niveaulinien, Vorschriften über Raum- und Fenstergrösse, Treppenhausbreite und all das, was im Interesse eines geordneten Siedlungsbildes, des geregelten Verkehrsflusses, zum Schutze gegen Feuer und zum Vorteil der Wohnungshygiene normiert werden kann, bleibt weitgehend Kantonen und Gemeinden überlassen. Auf kantonaler und zum Teil kommunaler Ebene geregelt sind die Verfahren zur Erlangung von Baubewilligungen und zur Gewinnung von baureifem Land mit Erschliessung und Landumlegung. Auch bezüglich Zonenarten sind die Kantone an keinen «numerus clausus» gebunden (Art. 18 Abs. 1 RPG).
Allgemein lässt sich feststellen, dass kantonales Raumplanungs- und Baurecht der letzten Jahrzehnte vorwiegend auf Siedlungswachstum, allenfalls Ersatz vorhandener Bauten und höchstens bei alten Stadtkernen auf Erhaltung oder sinnvolle Umnutzung bestehender Bausubstanz ausgerichtet war. Die Zerstörung von Struktur und Bausubstanz vieler Bauerndörfer ist lange Zeit nicht nur hingenommen, sondern durch entsprechende Anwendung der Planungsinstrumente sogar gefördert worden.

Hat ein ursprünglich von der Landwirtschaft geprägter Dorfkern seine Funktion bereits verloren, wird man sich überlegen, ob und wieweit trotz veränderter Nutzung wenigstens das überlieferte Ortsbild durch eine Zonenordnung mit entsprechenden Erhaltungsvorschriften bewahrt werden soll. Dabei ist zu prüfen, ob öffentliches Interesse und gesetzliche Grundlagen ausreichen, um die Erhaltung der Substanz der Gebäude, allenfalls auch im Innern[34], fordern zu können, oder ob eine mehr oder weniger weitgehende Bewahrung von Fassaden und kubischer Anordnung genügt.[35]

Vereinzelte, von anders genutzten Bauten umgebene Landwirtschaftsbetriebe sehen sich meist grossen Erschwernissen der Arbeitsabläufe gegenüber.

Noch vorwiegend bäuerlich genutzte Dorfteile und Weiler hingegen sollten durch ein zielgerichtetes Zusammenspiel von Zonenordnung, Bauvorschriften und Massnahmen der Verkehrsplanung in ihrer Gestalt und Funktion erhalten bleiben. Bei günstigen Voraussetzungen für zeitgemässe, angemessene Entwicklung der Landwirtschaft im Ortsinnern können entsprechend hohe Hürden gegen Aussiedlung gesetzt werden.

Instrument zur Erhaltung von Funktion und Substanz: Die Bauernhofzone

Durch eine zusammenhängende Landwirtschaftszone werden in der Schweiz die landwirtschaftlichen Betriebszentren nur dann geschützt, wenn die Betriebe, wie in den voralpinen Streusiedlungsgebieten oder als Aussiedlungen, bereits auf freiem Feld stehen. In den Gebieten mit geschlossener Siedlungsweise liegt noch heute die überwiegende Mehrheit der Bauernhöfe im traditionellen Dorf oder am Rand des alten Dorfes innerhalb ausgedehnter Bauzonen.

Aussiedlungen sind heute, wo die landwirtschaftliche Produktion und der Kapitaleinsatz pro Fläche nicht weiter intensiviert werden sollten, nur noch für eine Minderheit der Betriebe sinnvoll. Der biologische Schutz der Artenvielfalt, der Bodenschutz, der Schutz der Kulturlandschaften und der Schutz der gewachsenen dörflichen Siedlungsstrukturen setzen die Erhaltung einer traditionellen Landwirtschaft voraus, die gewisse Grenzen des Strukturwandels anerkennt.

Unter diesen Umständen ist es angezeigt, alles zu unternehmen, um die jetzigen landwirtschaftlichen Betriebszentren an ihrem bisherigen Standort innerhalb der Bauzone zu schützen und zu erhalten.

Landwirtschaftszonen sollen deshalb auch innerhalb des Baugebietes ausgeschieden werden. Im Vordergrund steht dabei nicht der Flächenschutz oder der Schutz besonderer Fruchtfolge- oder Futterbauflächen, sondern im Vordergrund steht die bäuerliche Betriebsstandortstruktur in enger Verbindung mit der Entwicklung der dörflichen Siedlungsstruktur. Entsprechend den unterschiedlichen Planungsgrundsätzen, die die Ausscheidung einer Landwirtschaftszone auf der freien, zusammenhängenden Flur und im Baugebiet begründen, soll die Landwirtschaftszone im Baugebiet mit einem eigenen Namen kenntlich gemacht werden. Wir schlagen die Bezeichnung «Bauernhofzone» vor.

Braucht ein Bauernhof mit seinem hofeigenen Land innerhalb der bisherigen Bauzone überhaupt einen Schutz? Warum kann er nicht, wie bisher, in der Bauzone bleiben?

Der Bauernhof passt nicht in eine Bauzone. Warum? Die Bauentwicklung geht von Jahr zu Jahr weiter, und der Druck auf das Bauland steigt. Die noch nicht überbauten Flächen werden zusehends überbaut und die bestehenden bäuerlichen Betriebszentren somit immer mehr durch die Bauentwicklung eingeengt. Deshalb sollten sie zonenrechtlich geschützt werden, damit in der Ortsplanung möglichst frühzeitig auf ihren Standort Rücksicht genommen wird. Andererseits wird dadurch auch eine übersichtlichere Ausgangslage zuhanden der Strukturverbesserung in der Landwirtschaft (Gebäudesanierungen, Sicherung der bestehenden Hofstandorte durch Landumlegungen etc.) geschaffen.

Die Rechtslage innerhalb der Bauzonen hat sich mit Inkrafttreten des RPG, am 1. Januar 1980, geändert. Die Gemeinden sind seither verpflichtet, rechtsgültig eingezonte Bauzonen auch zu erschliessen. Landflächen, die vor Erschliessung und nachfolgender Überbauung geschützt werden sollen, müssen deshalb in eine Nichtbauzone beziehungsweise im Falle der erhaltenswilligen und erhaltenswürdigen Bauernbetriebe, welche in einer Bauzone liegen, eben in eine Bauernhofzone umgezont werden.

Was ist die Bauernhofzone? Sie ist eine Landwirtschaftszone, die jedoch nicht das zusammenhängende Landwirtschaftsland auf der Flur bezeichnet, sondern eben den Bauernhof mit Gebäuden und betriebsnotwendigem Umschwung im näheren Baugebiet des Dorfes.

Im Entwurf zu einem neuen bäuerlichen Bodenrecht auf Bundesebene (vgl. vorn, S. 19) sowie in vereinzelt schon rechtsgültigen kantonalen Gesetzen (so Kt. BE) soll das bäuerliche Betriebszentrum mit entsprechendem Umschwung der Landwirtschaftszone auf der freien Flur gleichgesetzt werden. Der steigende Verkehrswert für Bauland führt aber gerade in bäuerlichen Familien dazu, dass über die Frage, was denn die eigentlich betriebsnotwendige Fläche sei, ganz unterschiedliche Auffassungen bestehen. Wer vom hofnahen Land noch einen Bauplatz abzweigen möchte, wird die betriebsnotwendige Fläche in rein punktueller Denkweise auf eine Minimalfläche reduzieren wollen. Eine Klärung dieser Fragen im Zonenplan durch Ausscheiden von Bauernhofzonen ist unumgänglich.

Eine Bauernhofzone hat folgende Wirkungen:

1. Die Anwendbarkeit des bäuerlichen Erbrechts wird durch eine Bauernhofzone gesichert. Die Schmälerung der hofnahen Landbasis durch familieninterne Baulandansprüche wird verhindert.

2. Das betriebsnotwendige Land des Bauernbetriebes kann in einer Bauernhofzone nicht mit Quartierplanungs- und Erschliessungskosten für eine bauzonengemässe Entwicklung belastet werden.

3. Das öffentliche Interesse an der Erhaltung des Landwirtschaftsbetriebes wird durch Ausscheiden einer Bauernhofzone verankert. Bei Immissionskonflikten ist der Landwirtschaftsbetrieb dadurch besser ge-

schützt. Die Siedlungsentwicklung darf die in der Bauernhofzone liegenden Landwirtschaftsbetriebe nicht mehr behindern.
4. Die Besteuerung des betriebsnahen Landes zum Ertragswert bleibt in Bauernhofzonen gesichert.

Haben sich die Verhältnisse auf dem Betrieb oder im Dorf wesentlich gewandelt, so dass eine Bauernhofzone nicht mehr zweckmässig wäre, so kann sie durch Beschluss des für die Ortsplanung zuständigen Organs wieder in eine Bauzone umgezont werden.

Die Bauernhofzone hat die Aufgabe, die im Dorf angestammten Bauernbetriebe vor Überbauung und den finanziellen und rechtlichen Konsequenzen der Bauzonen zu schützen. Sie stärkt die Existenzbasis der Landwirtschaftsbetriebe im Baugebiet und verhindert, dass diese wegen den Konsequenzen einer Bauzone den angestammten Standort verlassen müssen. Dadurch wird die Bauentwicklung zugunsten der Erhaltung unserer Landwirtschaftsbetriebe sinnvoll gesteuert. Aber auch aus übergeordneter Sicht der Gliederung des Siedlungsgebietes und der Erhaltung bäuerlich geprägter Dorfteile und Grünflächen wird die Bauernhofzone einen positiven Beitrag zur Ortsentwicklung leisten.

Im übrigen muss davon ausgegangen werden, dass der Strukturwandel in der Landwirtschaft Alternativen zur bisherigen kapitalmässigen Intensivierung entwickeln kann. Dabei gewinnt die Pflege der Altbausubstanz für die Landwirtschaft wieder eine grössere ökonomische Bedeutung.

In einem Entscheid vom 13. Juni 1989, einen Fall aus dem Kanton Aargau betreffend (abgedruckt in Zentralblatt 91, 1990, S. 358 ff), hat das Bundesgericht die Bauernhofzone als für landwirtschaftlich geprägte Gemeinden geradezu obligatorisch erklärt und die «Aufzonung» bäuerlicher Dorfteile in höher ausnutzbare Wohnzonen mit Folge der Aussiedlung von Landwirtschaftsbetrieben auf das freie Feld als unzweckmässig und den raumplanerischen Grundsätzen zuwiderlaufend bezeichnet. Lägen landwirtschaftliche Betriebszentren im Dorfe in Wohnzonen, so müsse die Umzonung in Bauernhofzonen geprüft werden.

Für Einzelheiten sei auf das nächste Kapitel, Die Bauernhofzone – eine Landwirtschaftszone im Baugebiet, verwiesen.

Ergebnis
Zur Erhaltung landwirtschaftlicher Bauten in Substanz und Funktion oder allenfalls zur rücksichtsvollen Umnutzung nicht mehr landwirtschaftlich verwendeten Bauvolumens steht der Ortsplanung ein vielfältiges Instrumentarium zur Verfügung.

Recht über die Förderung der Landwirtschaft

Kompetenzordnung

Die Förderung der Landwirtschaft beschäftigte den Bund bereits im letzten Jahrhundert.[36] Starken Auftrieb erhielten Massnahmen zur Produktionssteigerung (Bodenverbesserungen oder Meliorationen)[37] während des Zweiten Weltkrieges, als Folge des vom Plan Wahlen angeordneten Mehranbaus.[38] Sie galten in der damaligen Zeit wirtschaftlicher Isolation und physischer Bedrohung als Beitrag zur nationalen Selbstbehauptung. Den Leistungen der Landwirtschaft sowie ihrer grossen Bedeutung für das ganze Land suchte man im Bundesgesetz vom 3. Oktober 1951 über die Förderung der Landwirtschaft und die Erhaltung des Bauernstandes (Landwirtschaftsgesetz; abgekürzt LwG)[39] Rechnung zu tragen.

Das LwG, heute Kern des Landwirtschaftsrechts, vermag sich auf mehrere Normen der Bundesverfassung (BV) abzustützen. So wird im Gesetz selber ausdrücklich Bezug genommen auf:
– Art. 23bis BV (Versorgung mit Brotgetreide)
– Art. 27 sexies (Förderung der wissenschaftlichen Forschung)
– Art. 31bis und Art. 32 (Kompetenzen des Bundes im Bereich der Wirtschafts- und Gewerbepolitik)
– Art. 32bis (Herstellung, Einfuhr, Verkauf und fiskalische Belastung gebrannter Wasser)
– Art. 34ter (Schutz der Arbeitnehmer)
– Art. 64 und 64bis (Kompetenz des Bundes zum Erlass von Vorschriften über Zivilrecht bzw. Strafrecht).

Die Weite des vom LwG geregelten Sachgebietes ergibt sich aus den Namen der acht Titel, in die es gegliedert ist, nämlich:
– Landwirtschaftliche Berufsbildung und Forschung
– Wirtschaftliche Bestimmungen (befasst sich u.a. mit Produktions- und Preislenkungsmassnahmen, Einfuhrbeschränkungen usw.)
– Sonderbestimmungen für einzelne Produktionszweige (darunter Pflanzenbau, Rebbau, Tierzucht, Milchwirtschaft)
– Pflanzenschutz und landwirtschaftliche Hilfsstoffe (bezieht sich vor allem auf die Kontrolle über Dünger und Pestizide)
– Bodenverbesserungen
– Das landwirtschaftliche Dienstverhältnis (heute zur Hauptsache im Obligationenrecht (OR) geregelt)
– Allgemeine Bestimmungen über die Bundesbeiträge und Fonds
– Rechtsschutz und Strafbestimmungen.

Der Vollzug des LwG liegt teils beim Bund, teils bei den Kantonen (Art. 117 ff LwG). Kantonale Ausführungsvorschriften bedürfen der Genehmigung des Bundes (Art. 118 Abs. 2 LwG). Es besteht ein sich laufend erneuerndes kantonales Landwirtschaftsrecht.

Auf Bundesebene stützt sich heute auf das LwG eine fast nicht mehr überblickbare Vielzahl von Verordnungen,

Bundesratsbeschlüssen und allgemeingültigen Verfügungen.[40] Das Gesetz selber ist bereits über ein Dutzend mal geändert worden.

Ziele des Landwirtschaftsgesetzes insbesondere

Als Ziele des LwG werden im Gesetz genannt:
- Erhaltung eines gesunden Bauernstandes[41]
- Im Dienste der Landesversorgung Erhaltung einer leistungsfähigen Landwirtschaft
- Förderung einer leistungsfähigen Landwirtschaft unter Wahrung der Interessen der schweizerischen Gesamtwirtschaft.

Das LwG ist unter dem Eindruck der Mangelwirtschaft des Zweiten Weltkrieges entstanden. Es erscheint deshalb verständlich, dass Steigerung von Produktion und Leistung im Vordergrund stehen. Erhaltung des gewachsenen Bauerndorfes und des überlieferten Landschaftsbildes waren hingegen noch keine politisch gewichtigen Themen. Im Zusammenhang mit der Berufsbildung immerhin sieht das LwG eine Aufgabe darin, bei Landwirt und Bäuerin *das Interesse am kulturellen Leben* zu vertiefen (Art. 5 Abs. 2 LwG).

Die Bodenverbesserungen, landwirtschaftlichen Siedlungen und Hochbauten im LwG

Für unser Thema bedeutsam ist der den Bodenverbesserungen samt landwirtschaftlichen Siedlungen und Hochbauten gewidmete Fünfte Titel des LwG (Art. 77–94). Der einleitende, Begriff und Zuständigkeiten umschreibende Art. 77 LwG besagt:

1 Bodenverbesserungen im Sinne dieses Gesetzes sind Massnahmen oder Werke, die den Zweck haben, die Ertragsfähigkeit des Bodens zu erhalten oder zu steigern, seine Bewirtschaftung zu erleichtern oder ihn vor Verwüstungen oder Zerstörungen durch Naturereignisse zu schützen.

2 Den Bestimmungen über die Bodenverbesserungen unterstehen auch das landwirtschaftliche Siedlungswesen gemäss Artikel 92 und die Bauten gemäss den Artikeln 93 und 94.

3 Im Zweifelsfalle entscheidet auf Antrag der Kantonsregierung der Bundesrat, ob ein Unternehmen zu den Bodenverbesserungen gehört.

4 Soweit dieses Gesetz nicht selbst Vorschriften aufgestellt hat, wird die Gesetzgebung über die Bodenverbesserungs-Genossenschaften den Kantonen überlassen.

Bereits das Zivilgesetzbuch (ZGB)[42] begünstigte Güterzusammenlegungen in Art. 703 Abs. 1, welcher ursprünglich lautete:

Können Bodenverbesserungen, wie Gewässerkorrektionen, Entwässerungen, Aufforstungen, Weganlagen, Zusammenlegungen von Wald und landwirtschaftlichen Gütern und dergleichen, nur durch ein gemeinschaftliches Unternehmen geführt werden und haben zwei Dritteile der beteiligten Grundeigentümer, denen zugleich mehr als die Hälfte des beteiligten Bodens gehört, dem Unternehmen zugestimmt, so sind die übrigen Grundeigentümer zum Beitritt verpflichtet.

Vom LwG ist diese Bestimmung durch Einfügen der folgenden beiden Sätze verschärft worden:

Die an der Beschlussfassung nicht mitwirkenden Grundeigentümer gelten als zustimmend. Der Beitritt ist im Grundbuch anzumerken.

Die Praxis hat den Begriff der *Bodenverbesserung* recht weit gefasst:
Als eine solche anerkannte beispielsweise das Bundesgericht die gemeinschaftliche Wasserversorgung für einen Gemeindeteil, wobei ein *landwirtschaftliches Interesse von gut 60%* als *genügend* bewertet wurde (BGE 99 Ib 333 Erw. 7).

Mit dem landwirtschaftlichen Siedlungswesen befasst sich Art. 92 LwG, welcher lautet:

Im Interesse der rationellen Bewirtschaftung des Bodens fördert der Bund durch Beiträge das landwirtschaftliche Siedlungswesen, namentlich:

a) die Erstellung von Siedlungen im Zusammenhang mit Güterzusammenlegungen, andern Bodenverbesserungen und Arrondierungen;

b) die bessere Erschliessung von abgelegenem Land durch Erstellung zweckentsprechender Gebäude;

c) die bauliche Sanierung abgelegener Siedlungen, wenn die Eigentümer dazu nicht imstande sind.

Die landwirtschaftlichen Ökonomiegebäude und in Abs. 2 insbesondere – was für uns von Bedeutung ist – deren Umbau, erwähnt Art. 94 LwG:

1 In Berggebieten werden Beiträge an die Erstellung und Sanierung von Alpställen und andern Alpgebäuden sowie von Dorfsennereien geleistet.

2 Im Interesse der wirtschaftlichen und gesunden Tierhaltung kann der Bund den Umbau unzweckmässiger Ställe durch Beiträge unterstützen.

Bodenverbesserungen und Hochbauten, die vom Bund mit Beiträgen unterstützt werden, unterstehen nach Art. 84 Abs. 1 LwG einem Verbot der Zweckentfremdung. Allerdings gilt dieses nur für 20 Jahre (Art. 85 Abs. 1 LwG), und zudem dürfen *aus wichtigen Gründen* Ausnahmen bewilligt werden (Art. 85 Abs. 3 LwG). Mit Erteilung der Bewilligung kommt sogar ein Verzicht auf Rückerstattung der Beiträge – welche bei unbewilligter Zweckentfremdung obligatorisch ist (Art. 85 Abs. 2 LwG) – in Betracht (Art. 85 Abs. 4 LwG).

Nicht als wichtigen Grund beurteilte das Bundesgericht den Wunsch, an einem Kurort (Zurzach) 35 ha guten Kulturlandes in einen Golfplatz umzuwandeln (BGE 111 Ib 116ff).

Rückerstattungspflichtige Zweckänderung ist beispielsweise die Parzellierung von melioriertem Land, und nicht etwa erst die Überbauung durch den späteren Eigentümer (BGE 101 Ib 198ff).

Ebenso löste der Einbau von vermietbaren Pferdeboxen in einen mit Subventionen von Bund und Kanton sanierten Rindviehstall die Rückzahlungspflicht aus (BGE 108 Ib 157ff).

Anderseits kann sich der Eigentümer nicht einfach durch Rückzahlung empfangener Subventionen vom Verbot der Zweckänderung loskaufen (BGE 111 Ib 119/20 Erw. 3a): Das öffentliche Interesse an der Zweckerhaltung ist nicht ein fiskalisches, sondern ein solches an der Erhaltung der Landwirtschaft.

Nähere Ausführungen über Bundesbeiträge an Massnahmen im Sinne des Fünften Titels des LwG finden sich in der wiederholt revidierten Verordnung vom 14. Juni 1971 über die Unterstützung von Bodenverbesserungen und landwirtschaftlichen Hochbauten (Bodenverbesserungs-Verordnung)[43]. In unserem Zusammenhang von Bedeutung ist vor allem Art. 29, mit der Überschrift *Beitragsberechtigte landwirtschaftliche Hochbauten*.

Als beitragsberechtigte landwirtschaftliche Hochbauten gelten:
a) *die Erstellung von Siedlungen einschliesslich der Zuleitungen für Wasser und elektrische Energie, wenn die Voraussetzungen der Artikel 32 und 33 vorliegen;*
b) *die Erstellung von Feldscheunen mit oder ohne Stalleinbauten, Geräteschuppen und ähnlichen Bauten zur bessern Erschliessung von abgelegenem Land, sofern das erschlossene Areal die für Siedlungen geltenden Voraussetzungen (Art. 32) im wesentlichen erfüllt;*
c) *die bauliche Sanierung abgelegener Siedlungen (Hofsanierungen), einschliesslich der Zuleitung für Wasser und elektrische Energie, wenn die Eigentümer dazu nicht imstande sind und wenn Lage, Art, Grösse oder Einrichtung der landwirtschaftlichen Hochbauten den zeitgemässen Anforderungen einer rationellen Betriebsführung nicht genügen. Das zugehörige Areal soll die in Art. 32 Abs. 2 enthaltene Voraussetzung soweit erfüllen, als dies der Standort der Gebäude zulässt;*
d) *(aufgehoben)*
e) *die Sanierung unzweckmässiger Ställe;*
f) *bauliche Massnahmen bei berufsbäuerlichen Betrieben, die im Interesse einer rationelleren Bewirtschaftung des Bodens geboten sind, insbesondere bauliche Massnahmen im Zusammenhang mit der Vergrösserung zu kleiner Betriebe zu lebensfähigen berufsbäuerlichen Betrieben, jedoch nur wenn die Eigentümer dazu nicht imstande sind und wenn Lage, Art, Grösse oder Einrichtung der landwirtschaftlichen Hochbauten den zeitgemässen Anforderungen einer rationellen Betriebsführung nicht genügen;*
g) *gemeinschaftliche Wirtschaftsgebäude von zwei oder mehr Betrieben unter der Voraussetzung, dass mit der Zusammenfassung eine rationelle Betriebsführung möglich ist.*

Als aus unserer Sicht erfreulich darf man vermerken, dass die erwähnte Bestimmung durchaus nicht allein auf Erstellung von Neubauten ausgerichtet ist, sondern auch der Verbesserung bestehender Bauten Raum lässt.

Leistungssteigerung als Ziel der Landwirtschaftspolitik

Etwa gleichzeitig mit dem Erlass des Landwirtschaftsgesetzes begann – als Begleiterscheinung des bis heute anhaltenden und nur Mitte der Siebzigerjahre kurz unterbrochenen Wirtschafts- und Bevölkerungswachstums – der Erosionsprozess am bisher bäuerlichen Boden. Die lange Zeit als Symptom von Fortschritt und wirtschaftlicher Blüte gern hingenommene Schmälerung der Produktionsfläche bildete ein zusätzliches Argument, um die Bewirtschaftung des verbleibenden Areals zu intensivieren.

Die Einstufung der einheimischen Landwirtschaft war angesichts des wieder in Schwung geratenen weltweiten Handels mit Agrarprodukten und noch unbelastet vom Wissen über sich ausbreitende dauernde Hungersituationen auf einem Tiefpunkt angelangt. Entwicklung von Industrie, Verkehr und Siedlung standen im Vordergrund. Die allgegenwärtig gewaltige Entfaltung der Technik glaubte man notwendigerweise auch auf die Urproduktion übertragen zu müssen. Man sprach von «zeitgemässer» Landwirtschaft und meinte damit das Ziel eines grösstmöglichen Ertrages pro Flächeneinheit und Arbeitskraft.

Güterzusammenlegung und Aussiedlung

Noch anfangs der 60er Jahre galt die Güterzusammenlegung als besonders wirksames Mittel zur Verbesserung der Produktionsgrundlagen[44]. Hervorgehoben wurden vor allem die Vorteile landwirtschaftlicher Aussiedlungen[45]. Die Hofsiedlung sei auch dem zusammengelegten Dorfbetrieb wirtschaftlich überlegen. Als besonders nützlich bewertet wurde dabei die Besiedlung der Randzonen, wodurch die Wirtschaftsdistanzen erheblich verkürzt und die Produktionskosten gesenkt werden könnten. Als Folge von Aussiedlungen verloren die angestammten Bauernhäuser und Scheunen ihre Aufgabe. Dies führte dazu, dass Dörfer zerfielen oder – durch die damalige Ortsplanung noch gefördert – eine neue Funktion sowie vielfach auch eine neue bauliche Substanz und Struktur erhielten.

Das Bundesgesetz vom 23. März 1962 über Investitionskredite und Betriebshilfe in der Landwirtschaft[46]

Aufgrund dieses Gesetzes stellt der Bund Mittel bereit, um *im Interesse der Rationalisierung der Landwirtschaft* (Art. 1 Abs. 1) Inhabern landwirtschaftlicher Betriebe Darlehen, zu reduziertem Zinsfuss oder gar zinsfrei, gewähren zu können. Die Darlehen sollen die grundsätzlich nicht rückzahlungspflichtigen Beiträge gemäss LwG ergänzen oder ausnahmsweise an deren Stelle treten. Als möglicher Zweck von Investitionskrediten wird – für unsere Belange von Bedeutung – *Verbesserung bestehender und Erstellung neuer landwirtschaftlicher Bauten und Wohngebäude* erwähnt (Art. 14 Buchst. a). Mindestens aus dem Wortlaut des Gesetzes lässt sich also keine Bevorzugung von Neubauten gegenüber der Verbesserung von Altbauten ableiten.

Besondere Förderung der Berggebiete

Das Bundesgesetz vom 28. Juni 1974 über Investitionshilfe für Berggebiete[47] macht den Schritt von den personen- oder betriebsorientierten zu den regional orientierten Hilfsmassnahmen. Es stützt sich denn auch ausdrücklich – neben Art. 31bis BV über Förderung der Wirtschaft – auf den Raumplanungsartikel der Bundesverfassung, Art. 22[quater] BV.
Formale Voraussetzung für Investitionshilfe ist das Vorliegen eines sogenannten regionalen Entwicklungskonzeptes (Art. 10). Gegenstand der Investitionshilfe sind Entwicklungen der Infrastruktur und Landerwerbe für Industrie- und Gewerbezwecke (Art. 3). Empfänger können Gemeinden, öffentlich-rechtliche Körperschaften und Private sein (Art. 4). Die Hilfe erfolgt in Form von Darlehen zu günstigeren als den marktüblichen Bedingungen und allenfalls Übernahme von Zinskosten (Art. 16).
Dem Gesetz wird nicht ganz zu Unrecht vorgeworfen, dass es zu sehr auf Förderung von Wirtschaft und Technik und zuwenig auf Bewahrung natürlicher und kultureller Werte ausgerichtet sei.
Erwähnt seien auch noch das Bundesgesetz vom 25. Juni 1976 über die Gewährung von Bürgschaften und Zinskostenbeiträgen in Berggebieten[48] sowie das Bundesgesetz vom 20. März 1970 über die Verbesserung der Wohnverhältnisse in Berggebieten[49], welche ebenfalls das an sich begrüssenswerte Ziel verfolgen, in Solidarität zwischen den unterschiedlich begünstigten Landesteilen den Bergregionen einen Ausgleich für die erschwerten Existenzbedingungen zukommen zu lassen.

Abkehr vom Ziel der Produktionssteigerung in neuerer Zeit

Durch ein Bundesgesetz vom 22. Juni 1979 wurden – zum Zwecke der Lenkung von Fleisch- und Eierproduktion – die Art. 19a bis 19f ins LwG eingefügt und die Art. 19 und 20 geändert. Dem Wachsen der Betriebe und der Erhöhung ihrer Leistung wollte man Grenzen setzen. Als Mittel hiezu sind Begrenzung der Tierbestände und sogar Subventionierung des Abbaus von Tierbeständen und Stillegung von Betrieben vorgesehen. Bei Überschreitung der zulässigen Tierbestände sollen Abgaben erhoben werden können (Art. 19a LwG). Eine weitere neu eingeführte Massnahme ist die Bewilligungspflicht für Stallbauten (Art. 19d LwG).

> Wie das Bundesgericht in einem Beschwerdeentscheid – unter ausführlicher Darlegung des Zwecks der neuen Bestimmungen – festgehalten hat, besteht dort, wo der zulässige Tierbestand überschritten ist, auch kein Anspruch auf Ersatz baufälliger, unzweckmässiger oder durch höhere Gewalt zerstörter Ställe (BGE 110 Ib 275ff).

Es leuchtet ein, dass sich diese – zwar mit rein wirtschaftspolitischer Begründung erlassenen – Anordnungen vorteilhaft für unser Anliegen auswirkten.

Einen Schritt weg von der Ankurbelung der Produktion brachte auch das Bundesgesetz vom 14. Dezember 1979 über Bewirtschaftungsbeiträge an die Landwirtschaft mit erschwerten Produktionsbedingungen.[50] Es honoriert die landwirtschaftliche Tätigkeit in schwierigen Geländeverhältnissen als solche, unabhängig vom erarbeiteten Ertrag. Die produktionsabhängige Förderung der Landwirtschaft hatte bekanntlich vor allem in Gebirgsgegenden dort zur Brachlegung grosser Flächen geführt, wo etwa wegen starker Hangneigung wenig ertragreichen Böden und aus klimatischen Gründen Arbeitsaufwand und wirtschaftliches Ergebnis in einem Missverhältnis standen.[51]
Gestützt auf das eben erwähnte Gesetz, zugleich aber auch auf das Bundesgesetz über den Natur- und Heimatschutz, hat der Bundesrat am 20. Dezember 1989 eine neue Verordnung erlassen und auf 1. Januar 1990 in Kraft gesetzt[52], nach welcher nun auch für *ökologische Leistungen* der Landwirtschaft, so für Nutzung von Trockenrasen und Streueflächen, Abgeltungen ausgerichtet werden können.
Dass im Geleite der Brachlegung auch zahlreiche landwirtschaftliche Bauten unnütz wurden und entweder dem Zerfall oder der Nutzungsänderung entgegensteuerten, ist klar. Die Bewirtschaftungsbeiträge zur Stützung traditioneller Nutzungsformen sind damit aus unserer Sicht zu begrüssen. Wo tunlich, sollten sie mit Vorkehren auch zur Erhaltung hergebrachter Wirtschaftsgebäude verknüpft werden können.
Zu Beginn der 80er Jahre befasste sich die Geschäftsprüfungskommission des Nationalrates mit der Frage, ob ausreichend Forschungsmittel des Bundes auch für alternative Formen der Landwirtschaft aufgewendet würden und gelangte zum Ergebnis, dass bei aller Anerkennung des bereits Geleisteten noch weitere Anstrengungen unternommen werden sollten.[53]
Bemerkenswert ist, dass in den letzten Jahren neben den ökologischen[54] auch den sozialen Aspekten der Landwirtschaft zusehends mehr Beachtung zukam. Und als besonders erfreulich darf man bezeichnen, dass endlich, im Sechsten Landwirtschaftsbericht[55], auch die lange Zeit übersehene kulturelle Rolle der Landwirtschaft Erwähnung gefunden hat.
Am 4. Juni 1989 hatten Volk und Stände über eine eidgenössische Verfassungsinitiative *für ein naturnahes Bauern – gegen Tierfabriken* (Kleinbauerninitiative) abzustimmen.
Es ist klar, dass die Auswirkungen der Initiative schwer abschätzbar gewesen wären. Nicht einmal in kleinbäuerlichen Kreisen fand sie ungeteilte Unterstützung. Ihre grundlegende Zielsetzung, eine sogenannt «bäuerliche», auf den Familienbetrieb und auf die örtliche, naturgegebene Futterbasis ausgerichtete Landwirtschaft zu fördern, weckte jedoch allgemein Sympathie. Die Initiative wurde denn auch sehr knapp verworfen. Dieses Ergebnis hat dazu beigetragen, weitere, neue Verfassungsinitiativen auszulösen, die die Landwirtschaft zum Gegenstand haben.
Die eingehendere Darstellung des Verhältnisses Landwirtschaftsrecht / Natur- und Heimatschutzrecht erfolgt auf S. 31ff.

Folgerungen

Zwischen Landwirtschaft einerseits und Natur- und Heimatschutz anderseits besteht kein grundsätzlicher Zielkonflikt. Eine nachhaltige[56] ökonomische Nutzung der Landschaft verträgt sich mit den Anliegen des Natur- und Heimatschutzes. Auch der Naturschützer ist sich bewusst, dass Erscheinungsbild und Wirkungsgefüge unserer Landschaft weitgehend durch eine jahrhundertelange Nutzung mitbestimmt wurden. Der Heimatschützer kennt die schöpferische Kraft des Bauernstandes, welcher in unserm Lande die grosse Vielfalt an Siedlungsformen und Gebäudetypen hervorgebracht hat. Die Bundesverfassung enthält also keinen Widerspruch, wenn sie neben Förderung der Landwirtschaft auch den Natur- und Heimatschutz dem Bund zur Aufgabe gesetzt hat.

Hervorgehoben zu werden verdient noch Art. 79 LwG mit dem Marginale *Naturschutz und Wahrung sonstiger Interessen*. Er schreibt – für alle unter den Oberbegriff der Bodenverbesserung fallenden Massnahmen, also auch für Bau und Veränderung von subventionierten Hochbauten – unter anderem Rücksichtnahme auf Natur und Landschaftsbild vor.[57]

Die Wandlung des Landwirtschaftsrechtes im Sinne einer Abkehr von einseitig ökonomischen Zielen scheint eingeleitet. Man wird sich allgemein bewusst, dass sich die Landwirtschaft – als in besonderem Masse auf den Kräften der Natur aufbauender Wirtschaftszweig – in den Naturhaushalt einzufügen hat; es wäre sonst längerfristig zu ihrem eigenen Nachteil. Die Umsetzung der sich allmählich ausbreitenden ökologischen Erkenntnisse ins Recht sollte die Landwirtschaft zu Formen und Massen zurückführen, wie sie sich während früheren Generationen eingependelt hatten. Die Spannung zwischen überlieferten Bauten und betrieblichen Anforderungen dürften sich deshalb vermindern, kulturelle Aufgaben der Landwirtschaft und betriebliche Erfordernisse keine unüberbrückbaren Gegensätze mehr darstellen.

Die verstärkte Orientierung am Überlieferten und Bewährten sollte auch im Erscheinungsbild der landwirtschaftlichen Bauten ihren Ausdruck finden. Förderungsmassnahmen müssten vermehrt auf Erhaltung oder zweckmässige Anpassung bereits vorhandener Anlagen statt auf deren Ersatz durch Neubauten ausgerichtet sein. Ebenso sollen, entsprechend dem Sechsten Landwirtschaftsbericht (S. 261), die Zu- und Nebenerwerbsbetriebe unter Berücksichtigung der regionalen Gegebenheiten *auch in Zukunft Bestandteil unseres Agrarleitbildes sein*. Vor allem müssen Rechtsgrundlagen verbessert werden, damit auch periodisch anfallende Unterhaltsmassnahmen subventioniert werden können. Dadurch würde – zudem unter Einsparung von Kosten – ein entscheidender Beitrag an den Weiterbestand eines wichtigen Teiles unseres kulturellen Erbes geleistet.

Entsprechend den neu formulierten Oberzielen der Agrarpolitik im Sinne des Sechsten Landwirtschaftsberichtes (S. 243) sowie aufgrund neuer naturwissenschaftlicher und agrarwissenschaftlicher Erkenntnisse müsste der Fünfte Titel des Landwirtschaftsgesetzes mit veränderten Prioritäten neu aufgebaut werden, und zwar im folgenden Sinne:

- Den Interessen von Natur, Umwelt und Kultur ist statt der bisher marginalen eine zentrale Stellung zuzuordnen.
- Auf die langfristige Bewahrung der Fruchtbarkeit des Bodens ist das Hauptgewicht zu legen; die Leistungssteigerung hingegen, als mit diesem Erfordernis oft in Widerspruch tretend, darf im Hintergrund bleiben.
- Bei den Hochbauten soll Erhaltung des Bestehenden und wo nötig dessen Anpassung an veränderte Bedürfnisse im Vordergrund stehen. Hingegen können Neubauten die durch besondere Gründe gerechtfertigte Ausnahme bilden.

In einem ersten Schritt wäre – durchaus noch innerhalb des vom Gesetz gegebenen Rahmens – Art. 29 der Bodenverbesserungsverordnung abzuändern. Dies ebenfalls im Sinne eines Abrückens sowohl von der Förderung grosser Betriebe als auch von der Bevorzugung von Neubauten gegenüber der zweckmässigen Erhaltung bestehender Gebäude. Die Renovation vorhandener Anlagen sollte als wichtigste zu unterstützende Vorkehr an die Spitze gerückt werden. Deutlich wären, im Sinne der Zielvorstellungen des Sechsten Landwirtschaftsberichtes, auch Kleinbetrieb und Nebenerwerbsbetrieb als beitragswürdig herauszustreichen.

Verkehrsrecht

Unter den verschiedenen Verkehrsformen hatte in den letzten Jahrzehnten der Strassenverkehr den grössten Einfluss auf Gesellschaft, Umwelt und auch Bodennutzung. Bei der Kompetenzverteilung verhält es sich so, dass der Bund die Verkehrsregeln aufstellt (Art. 37bis Abs. 1 BV), wogegen die Kantone für den Bau der Verkehrsanlagen zuständig sind. Gestützt auf Art. 36ter BV erbringt jedoch der Bund aus den Treibstoffzöllen finanzielle Leistungen.

Ausnahme bilden die Nationalstrassen, deren Finanzierung, Bau und Benützung zu regeln, gemäss Art. 36bis BV, Sorge des Bundes bildet, wobei allerdings Erstellung und Unterhalt – unter der Oberaufsicht des Bundes – den Kantonen zufällt.

Dabei wird bereits auf Verfassungsstufe vorgeschrieben, den wirtschaftlich nutzbaren Boden nach Möglichkeit zu schonen und durch den Strassenbau bedingten Nachteilen, auf Kosten des Nationalstrassenbaus, entgegenzuwirken (Art. 36bis Abs. 3 BV). Im Bundesgesetz vom 8. März 1960 über die Nationalstrassen (NSG)[58] findet sich demgemäss ein eigenes Kapitel *Landerwerb und Massnahmen im Interesse der Bodennutzung* (Art. 30ff NSG), wo für Landerwerb unter anderem das Landumlegungsverfahren vorgeschrieben und als mögliche Form desselben die landwirtschaftliche Güterzusammenlegung erwähnt wird. Dabei kann die kantonale Regierung sogar völlig unabhängig vom Willen der Grundeigentümer eine solche Massnahme verfügen (Art. 36 NSG).

Ausreichend vorhandene zweckgebundene Mittel und drängende Termine führten dazu, dass beim Landerwerb für den Strassenbau teilweise Preise bezahlt worden sein sollen, wie sie zuvor in den betroffenen Gegenden bei rein landwirtschaftlich nutzbarem Land kaum üblich waren. Die Aussicht auf eine schlagartig verbesserte Verkehrslage ruft erfahrungsgemäss weiterer Nachfrage nach Land, so für Industrien, Lagerhäuser, Einkaufszentren.[59]

Der Landerwerb für den Nationalstrassenbau fiel zudem ausgerechnet in den Zeitabschnitt, wo im Agrarsektor Intensivierung, Betriebsvergrösserung und Aussiedlung im Vordergrund standen.

Soweit künftig noch Landerwerb für Nationalstrassen betrieben werden muss, sollten landwirtschaftliche Wohn- und Betriebsgebäude in den vorhandenen Dörfern und Weilern bestehen gelassen und Aussiedlungen nach Möglichkeit vermieden werden.

Abgesehen von den Nationalstrassen wird der Strassenbau weitgehend vom kantonalen Recht beherrscht. Es lässt sich feststellen, dass im Zeichen des angestiegenen Verkehrsvolumens Strassen, die früher vorwiegend innerörtliche Funktionen zu erfüllen hatten und auch der Landwirtschaft dienten, vom überörtlichen Verkehr erfasst und entsprechend auf höheres Verkehrsaufkommen und grössere Geschwindigkeiten ausgebaut wurden. Diese Strassen vermochten dann ihre ursprünglich landwirtschaftlichen Funktionen nicht mehr zu erfüllen, die Verbindung zwischen den im Dorfe gelegenen Wohn- und Ökonomiegebäuden und dem ausserhalb gelegenen Land war gestört, die Aussiedlung präjudiziert.

Nach dem Treibstoffzollgesetz vom 22. März 1985[60] leistet der Bund aus den Einnahmen aus Treibstoffzöllen auch Beiträge an kantonale und sogar kommunale Strassenanlagen und erwirkt sich so bei deren Gestaltung ein gewisses Mitspracherecht.[61]

Ferner leistet der Bund Beiträge an strassenverkehrsbedingte Umwelt- und Landschaftsschutzmassnahmen. Dazu gehören auch Massnahmen zur *Erhaltung, Schonung und Wiederherstellung* von Ortsbildern und Baudenkmälern (Art. 28).

Kantone und Gemeinden sollten die hier bereitstehenden finanziellen Mittel vermehrt auch im Interesse des gebauten bäuerlichen Kulturgutes in Anspruch nehmen.

Folgerung

Es ist festzuhalten, dass bei Massnahmen der Verkehrsplanung die vorhandenen landwirtschaftlichen Strukturen und bestehenden Bauten als feste Rahmenbedingungen anerkannt werden sollten. Druck auf Aussiedlung von Betrieben aus Dörfern und Weilern wäre demgemäss künftig zu vermeiden.

Natur- und Heimatschutzrecht

Kompetenzordnung

Im Bundesrecht besitzt dieser Bereich seine Stütze in dem 1962 in die BV eingefügten Art. 24^{sexies}.[62] Der Verfassungsartikel bezeichnet zwar Natur- und Heimatschutz als Sache, die in erster Linie den Kantonen zukomme (Abs. 1), weist jedoch auch dem Bund bestimmte Pflichten und Befugnisse zu, nämlich:

- *in Erfüllung seiner Aufgaben das heimatliche Landschafts- und Ortsbild, geschichtliche Stätten sowie Natur- und Kulturdenkmäler zu schonen und, wo das allgemeine Interesse überwiegt, ungeschmälert zu erhalten* (Abs. 2);
- *Bestrebungen des Natur- und Heimatschutzes durch Beiträge unterstützen* (Abs. 3 Satzteil 1);
- *Naturreservate, geschichtliche Stätten und Kulturdenkmäler von nationaler Bedeutung vertraglich oder auf dem Wege der Enteignung erwerben oder sichern* (Abs. 3 Satzteil 2);
- *Bestimmungen zum Schutze der Tier- und Pflanzenwelt zu erlassen* (Abs. 4).

Geltendes Bundesrecht[63]

Rücksichtspflicht gegenüber Natur und Heimat bei Erfüllung von Bundesaufgaben

Auf der Basis von Art. 24^{sexies} BV entstand das Bundesgesetz vom 1. Juli 1966 über den Natur- und Heimatschutz (NHG).[64] Die Pflicht der Organe und Betriebe des Bundes sowie auch der kantonalen[65] Organe, bei Erfüllung von Bundesaufgaben auf die Anliegen von Natur- und Heimatschutz Rücksicht zu nehmen (Art. 2ff NHG), steht dabei für uns im Vordergrund. Als Beispiele derartiger Bundesaufgaben werden im Gesetz angeführt:

- *Planung, Errichtung und Veränderung von Werken und Anlagen durch den Bund, seine Anstalten und Betriebe, wie Bauten und Anlagen der Bundesverwaltung, Nationalstrassen, Bauten und Anlagen der PTT-Betriebe und der Schweizerischen Bundesbahnen* (Art. 2 Buchst. a NHG);
- *Erteilung von Konzessionen und Bewilligungen, wie zum Bau und Betrieb von Verkehrsanlagen und Transportanstalten, von Werken und Anlagen zur Beförderung von Energie, Flüssigkeiten oder Gasen oder zur Übermittlung von Nachrichten sowie Bewilligungen zur Vornahme von Rodungen* (Buchst. b);[66]
- *Gewährung von Beiträgen an Planungen, Werke und Anlagen, wie Meliorationen, Sanierungen landwirtschaftlicher Bauten, Gewässerkorrektionen, Anlagen des Gewässerschutzes und Verkehrsanlagen* (Buchst. c).

Art. 3 Abs. 2 NHG besagt, dass eigene Bauten und Anlagen des Bundes (z.B. Nationalstrassen, SBB- und PTT-Bauten) unter Respektierung von Natur und Kultur gestaltet werden müssen.[67] Unter Umständen ist sogar gänzlich auf ein Vorhaben zu verzichten. Bei der Erteilung von Bewilligungen und Konzessionen sind Auflagen und Bedingungen zugunsten von Natur- und Heimatschutz einzubauen[68], oder die Bewilligung ist abzulehnen[69]. Auch bei der Zusicherung von Subventionen (z.B. für landwirtschaftliche Bauten, Meliorationsmassnahmen, kantonale Hauptstrassen) ist den Interessen des Natur- und Heimatschutzes mittels Bedingungen und Auflagen oder sogar durch Ablehnung des Beitragsgesuches, Nachachtung zu verschaffen.[70]

Entstehen als Folge solcher Bedingungen und Auflagen zusätzliche Kosten, so sind diese den Werkkosten zu belasten[71] und nach dem dort angewendeten Verteilungsschlüssel von den verschiedenen Kostenträgern zu übernehmen. Massnahmen im Interesse des Natur- und Heimatschutzes gelangen also zum gleichen Prozentsatz in den Genuss der für die Landwirtschaft ausgerichteten Bundessubventionen[72] wie die ausschliesslich technisch begründeten Kosten.

Die Rücksichtspflicht des Bundes in bezug auf Natur- und Heimatschutz bezieht sich übrigens auf unsere gesamte Landschaft mit all ihren natürlichen und kulturellen Elementen (Art. 3 Abs. 3 NHG)[73], also nicht nur auf besonders hervorragende Objekte oder Gegenden.

Erhöhte Rücksichtspflicht bei Objekten nationaler Bedeutung; Bundesinventare

Eine qualifizierte Rücksichtspflicht gilt gegenüber Objekten von nationaler Bedeutung. Um dieselben bekannt zu machen, müssen über sie sogenannte Bundesinventare aufgestellt werden (Art. 5 NHG). Von diesen sind das ISOS (Inventar der schützenswerten Ortsbilder der Schweiz)[74] – für unsere Anliegen von besonderer Tragweite – und das BLN (Bundesinventar der Landschaften und Naturdenkmäler von nationaler Bedeutung)[75] bereits teilweise in Kraft gesetzt. Das Inventar historischer Verkehrswege der Schweiz (IVS) befindet sich im Aufbau. Soweit das BLN noch nicht in Kraft steht, wirkt das ihm als Grundlage dienende KLN-Inventar.[76]

Das ISOS beruht bekanntlich auf einer noch nicht abgeschlossenen gesamtschweizerischen Erhebung, von welcher sämtliche Dauersiedlungen mit mehr als 10 Hauptbauten erfasst sind.[77] Erst aus dem Vergleich aller Ortsbilder derselben Kategorie ergibt sich dann die Einordnung in eine der drei Stufen (national, regional, lokal). Die Pläne und Beschreibungen für die Ortsbilder aller Bedeutungsstufen sind also mit gleicher Sorgfalt erarbeitet und bilden wertvolle Grundlagen für alle Massnahmen der Ortsplanung und Ortsbildpflege.

Beschwerderecht

Als Kontrollinstrument für die Einhaltung der Rücksichtspflicht bei Erfüllung von Bundesaufgaben (vgl. S. 31 f) besitzen die schweizerischen Vereinigungen des Natur- und Heimatschutzes die Beschwerdelegitimation (Art. 12 NHG).[78] Das heisst, es steht ihnen das Recht zu, gewissermassen stellvertretend für Natur[79] und Kultur, Entscheide von Verwaltungsbehörden mittels Beschwerde an die nächste Instanz, zuletzt an Bundesrat oder Bundesgericht, zur Überprüfung weiterzuleiten.

Bundesbeiträge aus dem Natur- und Heimatschutzkredit

Der Bund kann, aufgrund von Art. 13 NHG, an die Erhaltung von schützenswerten Landschaften, Ortsbildern, geschichtlichen Stätten, Natur- und Kulturdenkmälern Beiträge gewähren, wobei sich auch die Kantone in angemessener Weise finanziell zu beteiligen haben.

Bundesrecht über Förderung der Denkmalpflege

Es ist hier der Platz, auch noch auf den Bundesbeschluss vom 14. März 1958 zur Förderung der Denkmalpflege[80] hinzuweisen. Zur Erhaltung von Baudenkmälern in der ganzen Schweiz steht dem Bund bereits seit über 100 Jahren ein eigener Kredit zur Verfügung.[81]

Wie bei Subventionen aus dem Kredit zur Förderung des Natur- und Heimatschutzes wird zur langfristigen rechtlichen Sicherung des Schutzziels, als Gegenleistung für die gewährte Bundeshilfe, in der Regel der Eintrag einer Dienstbarkeit im Grundbuch verlangt. Durch diese verpflichtet sich der Eigentümer, auf eigenmächtige Änderungen am schutzwürdigen Objekt zu verzichten.

Im Bereich der Erhaltung schutzwürdiger Bauten widmen sich Bundesbeiträge der Denkmalpflege vorzugsweise sakralen und aristokratischen Gebäuden, Beiträge des Natur- und Heimatschutzes hingegen den Zeugen bäuerlicher und bürgerlicher Baukultur. Als Teile eines sakralen und aristokratischen Ensembles könnten auch Ökonomiebauten Gegenstand von Beiträgen aus dem Denkmalpflegekredit bilden.

Direkte Schutzmassnahmen des Bundes

Gemäss Art. 15 NHG steht dem Bund die Möglichkeit zu, Naturlandschaften, geschichtliche Stätten oder Kulturdenkmäler von nationaler Bedeutung zu kaufen, ausnahmsweise sogar zu enteignen oder solche Objekte nach Art. 16 NHG befristet unter Schutz zu stellen. Dass ein landwirtschaftliches Ökonomiegebäude als selbständiges Denkmal von nationaler Bedeutung bezeichnet würde, wäre wohl eine Ausnahme. Hingegen kommt bäuerlichen Dörfern und Weilern diese Qualifikation nicht selten zu.[82] Zur Erhaltung von Substanz und Wirkung solcher Ortsbilder ist also der Bund nötigenfalls selber zu Schutzmassnahmen befugt.[83]

Schutz der Tier- und Pflanzenwelt

Verbleibt noch die Pflicht und Befugnis des Bundes zum Schutz von Tier- und Pflanzenwelt, mit Einschluss des Schutzes ihrer Lebensräume. Die Bestimmungen über den Biotopschutz haben kürzlich[84] eine wesentliche Verstärkung erfahren (Art. 18 a ff NHG). Enge Zusammenarbeit mit der Landwirtschaft wird dabei ausdrücklich gefordert. Zulasten des Natur- und Heimatschutzkredites und aufgrund von Vereinbarungen mit den Landwirten können wirtschaftlich unergiebige, oft traditionelle Nutzungen gefördert werden, so Streuegewinnung, Heuen abgelegener Magerwiesen (Art. 18 c Abs. 1 und 2 NHG). Aus der einheitlichen Betrachtung von Naturschutz und Heimatschutz heraus erscheint der Wunsch gerechtfertigt, es möchte bei dieser Gelegenheit der Unterhalt von noch vorhandenen, mit der betreffenden Nutzung verbundenen Ökonomiebauten ebenfalls unterstützt werden.

Berücksichtigung von Natur- und Heimatschutz bei Förderung der Landwirtschaft im besonderen

Wie bereits vorn (S. 31 ff) dargetan, gelten bei allen Förderungsmassnahmen des Bundes seit Inkrafttreten des NHG auch die Vorschriften dieses Gesetzes neben Art. 79 LwG[85], der sich heute verfassungsrechtlich ebenfalls auf Art. 24^{sexies} BV abstützen liesse.
Die Ausrichtung von Bundessubventionen gibt Gelegenheit, ja schafft sogar die Pflicht, zugleich Ziele des Natur- und Heimatschutzes wahrzunehmen.
In einem neu erlassenen Bundesratsbeschluss wird die bereits von Gesetzes wegen geltende Pflicht, bei landwirtschaftlichen Subventionen den Natur- und Heimatschutz mitzubeachten und mit den hiefür zuständigen Behörden zusammenzuwirken, ausdrücklich festgehalten.[86]
Beizufügen bleibt, dass die Kantone bei der Zusicherung von Beiträgen für landwirtschaftliche Bauten ebenfalls an die Rücksichtspflicht im Sinne des NHG gebunden sind. Kantonale Ausführungserlasse bedürfen nämlich der Genehmigung des Bundesrates, und deren Vollzug stellt somit die Erfüllung einer Bundesaufgabe dar.

Kantonales und kommunales Recht

Die Kantone regeln den Natur- und Heimatschutz entweder in speziellen Gesetzen (wie z.B. UR, NW, GL, ZG, SH, VD, NE, GE, JU) oder integrieren ihn in Planungs- und Baugesetze (wie z.B. ZH, SO) oder Einführungsgesetze zum ZGB (so SZ, OW, FR, GR, VS), meist dann mit eingehender Regelung auf Verordnungsstufe.
In den kantonalen Gesetzen werden vorwiegend Zuständigkeit (Aufgabenverteilung zwischen Kanton und Gemeinden), Organisation (Fachstellen, Kommissionen), Instrumente für Schutzmassnahmen (Inventare, Verordnungen, Schutzzonen, Verfügungen usw.), Schutzobjekte (Umschreibung oder Aufzählung), materielle und formelle Enteignung, Finanzierung sowie Sanktionen behandelt.
Die Rücksichtspflicht bei Erfüllung von staatlichen Aufgaben, für deren Regelung das NHG (siehe S. 31 ff) ein gutes Beispiel liefert, lebt sich auch auf kantonaler Ebene allmählich ein.

Unterschutzstellungen

Trotz in den meisten Kantonen ausreichenden gesetzlichen Grundlagen wird die formelle Unterschutzstellung[87] erhaltenswürdiger Bauten recht zurückhaltend angeordnet, sei dies aus Rücksichtnahme auf Interessen des Eigentümers oder aus Furcht vor Entschädigungspflichten (vgl. vorn, S. 16).
Verbreitet eingeführt und bewährt hat sich hingegen die auch vom Bund geübte Unterschutzstellung auf vertraglicher Basis (vgl. vorn, S. 32), am besten zusammen mit der Ausrichtung einer dem Weiterbestand des schutzwürdigen Objektes dienenden Subvention.

Folgerungen

Mängel bei der Durchsetzung des Natur- und Heimatschutzes haben ihre Ursache nur zum kleinen Teil in fehlenden oder ungenügenden Grundlagen, sondern weit mehr im unbefriedigenden Vollzug. Hier vermöchten folgende Vorkehren Verbesserung zu bringen:
– Beizug von Fachinstanzen des Natur- und Heimatschutzes so früh wie möglich, nicht erst bei bereits weit fortgeschrittenem Projektierungsstand;
– kommunale Inventare der erhaltenswerten Wohn- und Ökonomiegebäude als Grundlagen für Planungs- und Verwaltungsakte;
– Beschwerdelegitimation der Natur- und Heimatschutzorganisationen in sämtlichen Kantonen;
– vermehrt verbindliche Unterschutzstellung von erhaltenswürdigen Objekten;
– Recht und Pflicht des übergeordneten Gemeinwesens zur Ersatzvornahme bei Untätigkeit des untergeordneten Gemeinwesens (Kanton gegenüber Gemeinde, Bund gegenüber Kanton).

Der Gedanke, der Bund sei für die nationalen, der Kanton für die kantonalen sowie regionalen und die Gemeinden seien für die lokal bedeutenden Objekte verantwortlich, vermag nicht zu überzeugen. Einmal ist die Unterteilung als solche fragwürdig, und allgemeingültige Regeln zur Abgrenzung der drei Kategorien sind schwer zu finden. Hinzu kommt, dass die «spektakulären» (nationalen und kantonalen) Objekte meist weniger bedroht sind als Objekte von «nur» kommunaler Bedeutung, welch letztere jedoch in ihrer Summe unser charakteristisches Kulturgut ausmachen. Die Möglichkeit der Ersatzvornahme durch das nächsthöhere Gemeinwesen könnte das in der Praxis zu wenig wirksame Aufsichtsrecht ersetzen beziehungsweise aufwerten.
Die Schutzkriterien des Natur- und Heimatschutzes sind zu überdenken. Schönheit, Seltenheit und Zeugniswert bleiben zwar weiterhin Gründe für die Schutzwürdigkeit. Wichtig ist aber auch die Rolle eines Bauwerkes oder eines Gebietes für die ansässige Bevölkerung als Bestandteil des Heimatbildes. Hinzutreten sollen zudem ökologische und landschaftsökonomische Aspekte.
Gewinnt der Natur- und Heimatschutz ein grösseres politisches Gewicht, so muss er auch nicht mit blossen Brosamen vom Kuchen der Staats- und Gemeindefinanzen vorlieb nehmen, sondern erhält die für das einwandfreie Funktionieren erforderlichen finanziellen Mittel zugewiesen.

Umweltschutzrecht[88]

Auf der Grundlage von Art. 24^{septies} BV ist das Bundesgesetz vom 7. Oktober 1983 über den Umweltschutz (USG)[89] erlassen worden. Es hat die Aufgabe, *Menschen, Tiere und Pflanzen, ihre Lebensgemeinschaften und Lebens-*

räume gegen schädliche oder lästige Einwirkungen zu schützen und die Fruchtbarkeit des Bodens zu erhalten (Art. 1 Abs. 1). Konkrete Vorschriften über höchstzulässige Umweltbelastungen werden auf Verordnungsstufe festgelegt.[90]
Der Schutzbereich des USG beschränkt sich auf die natürliche Umwelt.[91] Bauwerke und Ortsbilder liegen ausserhalb.[92]
Unseren Anliegen könnte indessen die sogenannte Umweltverträglichkeitsprüfung (UVP) nützlich sein. Art. 9 Abs. 1 USG legt nämlich fest, dass eine Behörde, bevor sie über Planung, Errichtung oder Änderung von die Umwelt beeinflussenden Anlagen entscheidet, deren Umweltverträglichkeit zu prüfen hat. In der Verordnung vom 19. Oktober 1988 über die Umweltverträglichkeitsprüfung (UVPV)[93] sind die Anlagen aufgeführt, welche einer obligatorischen UVP unterliegen. Bei solchen soll dann ein Bericht über die Umweltverträglichkeit unerlässlicher Bestandteil des Projektdossiers bilden. Dieser Bericht sowie das Ergebnis der Umweltverträglichkeitsprüfung stehen – von begründeten Ausnahmen abgesehen – jedermann zur Einsichtnahme offen (Art. 9 Abs. 8 USG).
Für unser Thema ist von Bedeutung, dass Werke wie Gesamtmeliorationen und Anlagen für die Massentierhaltung unter das Obligatorium der UVP fallen.[94]
Der Sachbereich einer UVP reicht weit über den Bereich des USG hinaus. Das zu durchleuchtende Projekt ist nämlich auch auf Übereinstimmung mit den Vorschriften des Natur- und Heimatschutzes und des Landschaftsschutzes hin zu prüfen (Art. 3 Abs. 1 UVPV).
Gegenüber Projekten, für welche die Umweltverträglichkeitsprüfung vorgeschrieben ist, besteht gemäss Art. 55 USG überdies das Beschwerderecht der Umweltorganisationen. Anders jedoch als bei Art. 12 NHG (vgl. vorn, S. 32), wo der Kreis von beschwerdelegitimierten Verbänden nicht klar abgegrenzt ist, bestimmt hier der Bundesrat abschliessend die zur Beschwerde berechtigten Organisationen.
Der Gewässerschutz ist bekanntlich in einem besonderen Gesetz geregelt und stützt sich auf Art. 24bis BV.[95]

Tierschutzrecht[96]

Auf Art. 25bis BV, der den Bund zur Gesetzgebung über Tierschutz ermächtigt, beruht das Tierschutzgesetz (TschG) vom 9. März 1978[97] mit der Tierschutzverordnung (TschV) vom 27. Mai 1981[98]. Nach TschG sind Tiere so zu behandeln, *dass ihren Bedürfnissen in bestmöglicher Weise Rechnung getragen wird* (Art. 2 Abs. 1). Haustieren ist angemessene Ernährung, Pflege und Unterkunft zu gewähren (Art. 3 Abs. 1). In Gehegen – zu denen auch die Ställe gehören – muss jedem Tier eine vorgeschriebene Mindestfläche zur Verfügung stehen (Art. 5 Abs. 5 und Anhänge 1–3 TschV).
Nach Art. 5 TschG und Art. 27 TschV bedürfen serienmässig hergestellte Aufstallungssysteme und Stalleinrichtungen für Rindvieh, Schafe, Ziegen, Schweine, Hauskaninchen und Hausgeflügel einer Bewilligung des Bundesamtes für Veterinärwesen. Eine Fachkommission berät das Bundesamt (Art. 29 TschV).
Tierhaltung wird als tiergerecht angesehen, wenn die Körperfunktionen und das Verhalten der Tiere nicht gestört werden und deren Anpassungsfähigkeit nicht überfordert ist (Art. 1 Abs. 1 TschV).

Ergebnis
Es zeigt sich immer deutlicher, dass die verdichtete Haltung von Tieren, wie sie in den vergangenen Jahrzehnten in Übung gekommen ist, weder tierschutzgerecht noch schliesslich produktionsgerecht waren, da auch die Qualität der Produkte immer mehr in Zweifel gezogen wird. Das Zeitalter der Tierfabriken dürfte dem Ende entgegengehen. Damit sollte es möglich sein, nicht mehr genutzte Ökonomiegebäude mit zumutbaren baulichen Anpassungen wieder einer massvollen Tierhaltung dienstbar zu machen.

Schlussbemerkung

Allgemein kann festgehalten werden, dass Beseitigung und Erhaltung landwirtschaftlicher Bauten durch eine Vielzahl von Bestimmungen beeinflusst werden, die unterschiedliche Zwecke besitzen, aus verschiedenen Epochen stammen und deshalb unter sich nicht widerspruchsfrei sind.
Im konkreten Fall sind beispielsweise Konflikte denkbar zwischen
- Privatinteressen und öffentlichen Interessen;
- Anliegen ideeller Art des Natur- und Heimatschutzes und ökonomischen Interessen der Landwirtschaft;
- Interessen von Landwirtschaft sowie Natur- und Heimatschutz einerseits und weiteren Ansprüchen an den Boden (z.B. Verkehr und Wohnungsbau) andererseits.

Die Lösung der Konflikte hängt stark davon ab, welches Gewicht den einzelnen Interessen und den sie schützenden Bestimmungen zugebilligt wird.
Die hier vorliegende Arbeit wirbt dafür, künftig die Erhaltung des überlieferten gebauten Kulturgutes in der Wertordnung höher als bis anhin einzustufen.

Die für das Thema wichtigen Bundesgesetze

- Schweizerisches Zivilgesetzbuch (ZGB), vom 10. Dezember 1907 (SR 210)
- Bundesgesetz über die Erhaltung des bäuerlichen Grundbesitzes (EGG), vom 12. Juni 1951 (SR 211.412.11)
- Bundesgesetz über die Entschuldung landwirtschaftlicher Heimwesen (LEG), vom 12. Dezember 1940 (SR 211.412.12)
- Schweizerisches Obligationenrecht (OR), vom 30. März 1911 (SR 220)
- Bundesgesetz über die landwirtschaftliche Pacht (LPG), vom 4. Oktober 1985 (SR 221.213.2)
- Bundesgesetz über den Natur- und Heimatschutz

- (NHG), vom 1. Juli 1966 (SR 451)
- Tierschutzgesetz (TschG), vom 9. März 1978 (SR 455)
- Bundesgesetz über die Raumplanung (RPG), vom 22. Juni 1979 (SR 700)
- Bundesgesetz über die Nationalstrassen (NSG), vom 8. März 1960 (SR 725.11)
- Bundesgesetz über den Umweltschutz (USG), vom 7. Oktober 1983 (SR 814.01)
- Bundesgesetz über die Förderung der Landwirtschaft und die Erhaltung des Bauernstandes (LwG), vom 3. Oktober 1951 (SR 910.1)
- Bundesgesetz über Bewirtschaftungsbeiträge an die Landwirtschaft mit erschwerten Produktionsbedingungen, vom 14. Dezember 1979 (SR 910.2)
- Botschaft zum Bundesgesetz über das bäuerliche Bodenrecht (BGBB), vom 19. Oktober 1988 (BBl 1988 III S. 953 ff)

Anmerkungen

1 SR 101.
2 Massgebliche Kontrollinstanz ist das Bundesgericht, welches allerdings Bundesgesetze nicht auf Verfassungsmässigkeit überprüfen kann.
3 SR 0.101.
4 Oberste Kontrollinstanz ist der Europäische Gerichtshof für Menschenrechte in Strassburg.
5 In der Volksabstimmung vom 14. September 1969.
6 Hiezu: A. MEIER-HAYOZ, Kommentar zum schweizerischen Privatrecht (Berner Kommentar), Band IV (Sachenrecht), 1. Abteilung, 1. Teilband, Systematischer Teil, 5. Auflage, Bern 1981. – P.H. MÜLLER, Die Eigentumsgarantie und die Enteignung, Diss. Zürich 1966, bes. S. 32, und dort zitierte Literatur.
7 Neue Entscheide hierüber BGE 112 Ib 108 Erw. 2a; 112 Ib 389/90 Erw. 3; 114 Ib 103 Erw. 2 Abs. 1; 114 Ib 118 Erw. 4.
8 Zu vertieftem Studium sei vor allem hingewiesen auf: A. KUTTLER, Materielle Enteignung aus der Sicht des Bundesgerichts, in: Zentralblatt für Staats- und Gemeindeverwaltung 88 (1987) S. 185 ff. – TH. PFISTERER, Entwicklung und Perspektiven der bundesgerichtlichen Rechtsprechung zur materiellen Enteignung, in: Zentralblatt für Staats- und Gemeindeverwaltung 89 (1988) S. 469 ff und 517 ff. – 23 × 5, 23 Bundesgerichtsentscheide zu Artikel 5 des Raumplanungsgesetzes. Herausgegeben vom Eidg. Justiz- und Polizeidepartement, Bern 1987, sowie auf die in diesen drei Publikationen erwähnten Gerichtsentscheide. Ferner: E. RIVA, Hauptfragen der materiellen Enteignung, Bern 1990.
Neu publizierte Bundesgerichtsentscheide zum Thema Entschädigungspflicht sind etwa noch BGE 114 Ib 100 ff; 108 ff; 112 ff; 286 ff; 301 ff; 305 ff.
9 Als neueres Werk zu diesem Thema, mit darin erwähnter weiterer Literatur D. DEGIORGI, Verfügungsbeschränkungen im bäuerlichen Bodenrecht, Berner Diss., Basel 1988.
10 Dass die Privatautonomie grundsätzlich auch für den Eigentümer landwirtschaftlichen Bodens gilt, hat das Bundesgericht in einem neuesten Entscheid zum Ausdruck gebracht (BGE 115 II 181 Erw. 4c).
11 Eine aufschlussreiche Statistik über Besitzesverhältnisse und Besitzesverschiebungen beim land- und forstwirtschaftlich genutzten Boden findet sich auf S. 143 ff der Botschaft des Bundesrates zum BGBB (BBl 1988 III S. 1095 ff).
12 SR 210.
13 SR 220.
14 SR 211.412.12.
15 SR 211.412.11.
16 SR 221.213.2.
17 BBl 1988 III 953 ff.
18 BBl 1989 III 903:
– Bundesbeschluss über die Sperrfrist für die Veräusserung nichtlandwirtschaftlicher Grundstücke und die Veröffentlichung von Eigentumsübertragungen von Grundstücken
– Bundesbeschluss über eine Pfandbelastungsgrenze für nichtlandwirtschaftliche Grundstücke
– Bundesbeschluss über Anlagevorschriften für Einrichtungen der beruflichen Vorsorge und für Versicherungseinrichtungen.
19 ZH, BE, SZ, NW, GL, ZG, FR, SO, BL, SH, AI, SG, GR, TG, VD, NE, JU.
20 Das landwirtschaftliche Erbrecht ist durch das LEG (siehe S. 16 f) ins ZGB eingefügt und am 6. Okt. 1972 verschärft worden. An Literatur sei erwähnt: W. NEUKOMM, A. CZETTLER, Das bäuerliche Erbrecht, Brugg 1982.
21 Siehe Anmerkung 17.
22 SR 700. In Kraft seit 1. Jan. 1980.
23 SR 700.1. In Kraft seit 20. Oktober 1989.
24 Das Planungsinstrument der sogenannten Fruchtfolgeflächen vermag sich nur örtlich und auf spezifische Gebiete begrenzt auszuwirken.
25 Zum Begriff der «Bauten und Anlagen» BGE 113 Ib 315/6 mit Hinweisen.
26 Methodisch richtig muss also bei jedem Bauvorhaben zuerst die Frage nach der «Zonengerechtheit» gestellt werden. Ist sie zu verneinen, kann die Frage aufgeworfen werden, ob die Voraussetzungen einer Ausnahmebewilligung erfüllt seien.
27 P.M. KELLER, Neubauten in der Landwirtschaftszone, 2. Auflage, Chur 1989.
28 Einige der hier negativ beurteilten Fälle erscheinen im folgenden auch in der Kasuistik S. 22 ff, da logischerweise, nach Verneinung der Zonenkonformität, zusätzlich abzuklären ist, ob die Voraussetzungen für eine Ausnahmebewilligung gegeben seien. Es handelt sich also nicht um irrtümliche Wiederholungen.
29 CH. BANDLI, Bauen ausserhalb der Bauzonen, Chur 1989.
30 Entscheide über derartige Bewilligungen können gemäss Art. 34 RPG bis vor Bundesgericht weitergezogen werden.
31 Verneint bei: Eidg. Justiz- und Polizeidepartement/Bundesamt für Raumplanung, Erläuterungen zum Bundesgesetz über die Raumplanung, Bern 1981, S. 275.
Bejaht bei: H. AEMISEGGER, Leitfaden zum Raumplanungsgesetz, Bern 1980 (Schriftenfolge Nr. 25 der Schweiz. Vereinigung für Landesplanung), S. 84.
32 Beides kann auch durch eine noch so aufwendige Rekonstruktion nicht mehr beschafft werden.
33 Art. 26 Abs. 1 der Vollziehungsverordnung zum Bundesgesetz betreffend die eidgenössische Oberaufsicht über die Forstpolizei (SR 921.01): *Rodungen dürfen nur bewilligt werden, wenn sich hiefür ein gewichtiges, das Interesse an der Walderhaltung überwiegendes Bedürfnis nachweisen lässt.*
34 Dass es zulässig und angemessen sein kann, das Innere eines Gebäudes unter Schutz zu stellen, ist vom Bundesgericht bestätigt worden (BGE 109 Ia 257 ff).
35 Es sei hier auch auf das verbreitete Institut des Gestaltungsplanes hingewiesen.
36 Bundesgesetz vom 22. Dezember 1893 betreffend die Förderung der Landwirtschaft durch den Bund (BS 9,3).
37 Kulturtechnisch gesehen ist die Melioration ein räumlich und sachlich weitreichender Komplex koordinierter rechtlicher und technischer Massnahmen mit dem Hauptziel, die ökonomischen Grundlagen der Landwirtschaft im erfassten Gebiet zu verbessern. Landschaftsgeschichtlich besehen hingegen sind Meliorationen künstliche, mit Mitteln der Öffentlichkeit vorgenommene Eingriffe in das die Entwicklung der Kulturlandschaft bestimmende Spiel der gesellschaftlichen und natürlichen Kräfte.
38 Hierüber etwa: HERMANN WAHLEN, Bundesrat F.T. Wahlen, 2. Auflage, Bern 1975, bes. S. 39 ff.
39 SR 910.1. Mit all seinen Bestimmungen in Kraft ist es seit 1. Dezember 1962.
40 In der Systematischen Rechtssammlung (SR) unter Ordnungsnummer 91 enthalten.
41 *Das LwG und die zugehörigen Ausführungsbestimmungen... dienen der Erhaltung der Landwirtschaft und des Bauernstandes, nicht der Erhaltung gewerblicher oder industrieller Betriebe, welche landwirtschaftliche Erzeugnisse produzieren.* Eine Aktiengesellschaft, die eine Eierfarm mit etlichen Tausenden von Legehennen betrieb, wird denn auch von den Schutzzielen des LwG erfasst bezeichnet (BGE 102 Ib 360 Erw. 2 Abs. 2).
42 Erlassen im Jahre 1907, in Kraft seit 1912.
43 SR 913.1.
44 So E. TANNER, Die Güterzusammenlegung – eine dringliche Landesaufgabe, in: Schweiz. Bauzeitung vom 23. Mai 1963.
45 Im Kanton Zürich wurden von 1911 bis Ende 1962 insgesamt 114 Gesamtmeliorationen, Güter- und Rebbergzusammenlegungen mit einer Meliorationsfläche von rund 38 000 Hektaren und Baukosten von über 61 Millionen Franken fertiggestellt. In Ausführung befanden sich damals noch 25 solcher Projekte mit zusammen 19 000 Hektaren und einer veranschlagten Kostensumme von 62 Millionen Franken (Beleuchtender Bericht des Regierungsrates zu dem am 22. September 1963 zur Abstimmung gelangenden kantonalen Gesetz über die Förderung der Landwirtschaft, S. 76).
Eine nach Angaben des Eidgenössischen Meliorationsamtes vom Lehrstuhl für Kulturtechnik der ETH im Juli 1964 aufgestellte Graphik zeigt die Zahl der in den verschiedenen Kantonen im Zeitraum 1922 bis 1964 mit Hilfe der öffentlichen Hand erstellten Hofsiedlungen. An der Spitze (sowohl absolut wie auch im Verhältnis zur landwirtschaftlichen Fläche) befand sich der Kanton Zürich mit insgesamt 308 erstellten Hofsiedlungen. Das Schwerge-

wicht lag im Weinland und im Knonauer Amt.
46 SR 914.1.
47 SR 901.1.
48 SR 901.2.
49 SR 844.
50 SR 910.2.
51 E. SURBER R. AMIET H. KOBERT, Das Brachlandproblem in der Schweiz, Birmensdorf ZH 1973 (Bericht Nr. 112 der eidgenössischen Anstalt für das forstliche Versuchswesen).
52 Verordnung über Bewirtschaftungsbeiträge an die Landwirtschaft für erschwerte Produktionsbedingungen und ökologische Leistungen (SR 910.21).
53 BBl 1983 II S. 395 ff.
54 P. RIEDER, Ökonomische Aspekte einer ökologisch ausgerichteten Landwirtschaft, in: DISP Nr. 92, Januar 1988, S. 5 ff.
55 Sechster Bericht über die Lage der schweizerischen Landwirtschaft und die Agrarpolitik des Bundes vom 1. Oktober 1984. Der Bericht nennt als *Oberziele der Agrarpolitik* (S. 243) unter anderem *Schutz und Pflege der Kulturlandschaft, Beitrag zum Schutz von Umwelt, Pflanzen und Tieren* und äussert sich etwa zur Erhaltung der kulturellen Güter und Werte (S. 302/3): *Den kulturellen Ausprägungen in unserm Alpenraum liegen geschichtliche Entwicklungen von Jahrhunderten zugrunde. Das kommt unter anderem zum Ausdruck in den für die einzelnen Talschaften charakteristischen Siedlungsformen, Haustypen, Mundarten und Brauchtümern.*
56 Der Begriff *nachhaltige Nutzung* ist im Forstwesen seit langem geläufig und bedeutet eine Nutzungsintensität, welche die langdauernde biologische Leistungsfähigkeit des Standortes als Grenze annimmt, in der Weise, dass die Nutzung ohne Beeinträchtigung dieser Leistungsfähigkeit zeitlich unbegrenzt weitergeführt werden könnte.
57 Beachtlich, dass eine solche Bestimmung mehr als zehn Jahre vor Erlass des Verfassungsartikels über Natur- und Heimatschutz im Bundesrecht Aufnahme gefunden hat.
58 SR 725.1.
59 P. GASCHE, Aktualgeographische Studien über die Auswirkungen des Nationalstrassenbaus im Bipperamt und Gäu, Basel 1978 (Basler Beiträge für Geographie, Heft 24).
60 SR 725.116.2.
61 Bestätigt vom Bundesrat in einem Entscheid vom 19. November 1969; vgl. Zbl. 71 (1970), S. 198 ff.
62 Angenommen in der Volksabstimmung vom 27. Mai 1962.
63 R. IMHOLZ, Die Zuständigkeiten des Bundes auf dem Gebiete des Natur- und Heimatschutzes, Diss. Zürich, Zürich 1975.
64 SR 451. Auf dem NHG beruht die Verordnung über den Natur- und Heimatschutz (NHV) vom 16. Januar 1991 (SR 451.1).
65 Darüber, dass auch kantonale Organe der Rücksichtspflicht des NHG unterstehen, siehe BGE 98 Ib 131 Erw. 4b Abs. 1.
66 Auch Bewilligungen für Bauten ausserhalb der Bauzonen gemäss Art. 24 RPG (siehe S. 22 ff) gehören hiezu.
67 Bei der SBB-Linie Olten-Rothrist (Kt. SO und AG) musste eine landschaftsfreundlichere, wenn auch teurere Variante gewählt und die Nationalstrasse N13 bei Rhäzüns, Kt. GR, zur Schonung der Flusslandschaft des Hinterrheins in einen Tunnel verlegt werden.
68 So ist etwa bei Bewilligung von elektrischen Leitungen zu prüfen, ob im Interesse des Landschaftsbildes Verkabelung verlangt werden müsse (BGE 99 Ib 70 ff). Auch bei Erteilung des Enteignungsrechts zugunsten eines im öffentlichen Interesse liegenden Werkes ist darauf hinzuwirken, dass bei diesem Werk auf Natur und Landschaft Rücksicht genommen wird (BGE 99 Ib 80 Erw. 3b).
69 Als Beispiel für eine verweigerte Konzession sei erwähnt eine projektierte Seilbahn bei Saas Fee, Kt. VS, die auf rund 3900 m Höhe geführt hätte.
70 Um den Begriff der Rücksichtspflicht für die verschiedenen Sachgebiete zu konkretisieren, sind Wegleitungen aufgestellt worden. Uns betrifft vor allem: Natur- und Heimatschutz bei Meliorationen, Wegleitung und Empfehlungen 1983, herausgegeben vom Bundesamt für Forstwesen, Abt. Natur- und Heimatschutz, dem Bundesamt für Landwirtschaft und der Fachgruppe der Kultur- und Vermessungsingenieure des SIA, Bern 1983.
71 Bei der bereits erwähnten Eisenbahnlinie Olten-Rothrist hat der Bundesrat in seinem Entscheid vom 15. Juli 1970 von den SBB zu tragende Mehrkosten in der Höhe von 7% der jährlichen Baukosten als zumutbar betrachtet.
72 Wird auch in Artikel 46 der Bodenverbesserungsverordnung ausdrücklich festgehalten. Solche Massnahmen gehen also nicht zulasten des besonderen Kredites zur Förderung des Natur- und Heimatschutzes.
73 BGE 100 Ib 409: Auch ein *Gebiet mittlerer Schutzwürdigkeit* verdient Respekt.
74 Verordnung über das Bundesinventar der schützenswerten Ortsbilder der Schweiz (VISOS), SR 451.12.
75 Verordnung über das Bundesinventar der Landschaften und Naturdenkmäler (VBLN), SR 451.11.
76 Aufgestellt vom Schweizerischen Bund für Naturschutz, dem Schweizer Heimatschutz und dem Schweizer Alpenclub.
77 SIBYLLE HEUSSER-KELLER, Inventar der schützenswerten Ortsbilder der Schweiz, herausgegeben vom Eidgenössischen Departement des Innern, Bern o. J.
78 Hiezu: ENRICO RIVA, Die Beschwerdebefugnis der Natur- und Heimatschutzvereinigungen im schweizerischen Recht, Diss. Bern, 1980.
79 In diesem Zusammenhang sei auch hingewiesen auf: J. LEIMBACHER, Die Rechte der Natur, Diss. Bern, Basel 1988.
80 SR 445.1.
81 Vgl. z. B. H. MAURER, Denkmalpflege und Gesellschaft für Schweizerische Kunstgeschichte, in: Unsere Kunstdenkmäler 1987, 1, S. 166–170.
82 Siehe VISOS, SR 451.12, Anhang, mit der Liste der national eingestuften Ortsbilder.
83 So hat das Bundesgericht mit Entscheid vom 18. Januar 1972 einer Schutzmassnahme für das Ortsbild von Soglio, Kt. GR, zugestimmt.
84 Durch Gesetzesänderung vom 19. Juni 1987.
85 Art. 79 Abs. 1 LwG: *Den allgemeinen Interessen der Umwelt, insbesondere der Erhaltung des Grundwassers und der damit verbundenen Trinkwasserversorgung sowie dem Schutze der Natur und der Wahrung des Landschaftsbildes ist Rechnung zu tragen.*
86 Bundesratsbeschluss vom 24. Oktober 1989 über die bundesinterne Zusammenarbeit bei der Prüfung der Gesuche um Finanzhilfen an Bodenverbesserungen und landwirtschaftliche Hochbauten. Siehe auch Art. 4 Abs. 1 der Bodenverbesserungsverordnung.
87 Unterschutzstellung von Baudenkmälern ist vom Bundesgericht immer wieder als zulässig erklärt worden (vgl. etwa BGE 109 Ia 257 ff; 115 Ia 27 ff).
88 Einen anschaulichen Überblick über die Rechtsprechung des Bundesgerichtes zum Umweltschutzgesetz seit dessen Inkrafttreten gibt a. Bundesrichter R. MATTER, in: Umweltrecht in der Praxis 1989, 5, S. 289 ff.
89 SR 814.01; in Kraft seit 1. Januar 1985.
90 So in der Luftreinhalteverordnung (SR 814.318.142.1), in der Verordnung über umweltgefährdende Stoffe (SR 814.013), der Verordnung über den Verkehr mit Sonderabfällen (SR 814.014), der Technischen Verordnung über Abfälle (SR 814.015), der Verordnung über Schadstoffe im Boden (SR 814.12), der Lärmschutz-Verordnung (SR 814.331).
91 Kommentar zum Umweltschutzgesetz (bis jetzt 5. Lieferung erschienen) Zürich 1989, insbes. Noten 30 und 31 zu Artikel 1.
92 Massnahmen zum Schutze der natürlichen Umwelt, etwa zur Luftreinhaltung, kommen indessen auch der gebauten Umwelt zugute.
93 SR 814.011.
94 Anhang zur UVPV Ziff. 80.1 und 80.4.
95 SR 814.20.
96 A.F. GOETSCHEL, Kommentar zum eidgenössischen Tierschutzgesetz, Bern/Stuttgart 1986.
97 SR 455.
98 SR 455.1.

Die Bauernhofzone – eine Landwirtschaftszone im Baugebiet

Hans Bieri

Ziele

Die Bauernhofzone soll die Anwendung verschiedenster Rechtsnormen, die die Bauernbetriebe mit Betriebszentrum im Baugebiet betreffen, räumlich koordinieren helfen. Es geht dabei unter anderem um das bäuerliche Zivilrecht, das Steuerrecht, das Erschliessungsrecht und weitere Rechtsnormen, wie etwa den Immissionsschutz etc. Ebenso wird durch eine solche Zonenausscheidung gleichzeitig geklärt, wo das landwirtschaftliche Entschuldungsgesetz (LEG) und das Gesetz für die Erhaltung des bäuerlichen Grundbesitzes (EGG) gelten sollen. Auch das im Entwurf vorliegende neue bäuerliche Bodenrecht braucht eine räumliche Ergänzung durch den Zonenplan, worin bei zahllosen individuellen Fällen die für die Landwirtschaft unentbehrlichen Flächen bezeichnet werden müssen.
Bauernbetriebe mit Betriebszentrum im Siedlungsgebiet sollen nicht wegen schematischer Rechtsanwendung in ihrer Existenz bedroht oder behindert werden können. Im Prinzip ist die Bauernhofzone nichts anderes als die räumliche, differenzierende Antwort auf die gesetzliche Bindung der landwirtschaftlichen Liegenschaften an den Ertragswert. Auch der Paritätslohnberechnung liegt der Ertragswert zugrunde. Ebenso ist das bäuerliche Zivilrecht grundsätzlich auf Bauland nicht anwendbar. Dadurch entsteht innerhalb der Familie jene Interessendifferenz, die sich am zunehmenden Unterschied zwischen bäuerlichem Ertragswert und Baulandpreis entzündet.

Die Bauernhofzone soll räumlich die Koordination zwischen der Erhaltung angestammter bäuerlicher Siedlungsstrukturen und neuer, nichtlandwirtschaftlicher Bautätigkeit in den Dörfern erleichtern. Die Bauernhofzone soll den Landwirtschaftsbetrieb vor den Einwirkungen der Siedlungsentwicklung schützen helfen.
Die Siedlungsentwicklung soll aber auch ausserhalb des möglichen Bereiches einer Bauernhofzone auf die bäuerliche Substanz im Baugebiet allgemein vermehrt Rücksicht nehmen. Dies geschieht in der Nutzungsplanung um so leichter, als der Zonenplan eben auch Informationen über die erhaltenswerte bäuerliche Substanz enthält. (Umzonungen von Bauzonen in Landwirtschaftszonen; Ortsbildschutz; verdichtetes, bodensparendes Bauen; Abtausch von Bauzonen aus Konfliktgebieten guter landwirtschaftlicher Böden und wichtiger Freiflächen zugunsten bäuerlicher Betriebsstandorte oder Ortsbilder in Bereiche, welche die Landwirtschaft nicht stören.)

Die Bauernhofzone soll weiter als Ansatzpunkt für landwirtschaftliche Strukturverbesserungen dienen. Dabei soll das bäuerliche Gesamtsystem der Fluren und der Betriebsstandorte im Dorf durch ganzheitliche Strukturverbesserungsmassnahmen gestärkt werden.
Die Bauernhofzone zeigt auf, wo der Perimeter für landwirtschafliche Strukturverbesserungsmassnahmen in das Siedlungsgebiet hineingezogen werden soll. Damit wird die heute oft fehlende Koordination zwischen Strukturverbesserungsmassnahmen auf der Flur und den bäuerlichen Betriebsstandorten im Siedlungsgebiet (als Teile des bäuerlich geprägten Dorfes) verbessert. Auch nach Abschluss einer Güterregulierung sind zum Beispiel partielle Umlegungen im Sinne von Unterhaltsmassnahmen denkbar. Auch könnte der mit Baulandgeld finanzierten, einzelsprungweisen Aussiedlung, welche zulasten der noch freien Fluren erfolgt und erst noch eine zukünftige Standortplanung erschwert, besser begegnet werden. Zum Beispiel könnte erklärt werden, dass Aussiedlungen neben den bekannten Kriterien der Bodenabhängigkeit nur dann als zonenkonform anerkannt werden, wenn die Möglichkeit, das alte Betriebszentrum durch eine Bauernhofzone zu schützen, objektiv nicht gegeben ist.

Definition, Erlass und Aufhebung einer Bauernhofzone

Definition

Die Bauernhofzone ist eine Landwirtschaftszone im Baugebiet. Andere als der Landwirtschaft dienende Bauten oder Nutzungen sind nicht gestattet.
Die Bauernhofzone umfasst die Betriebszentren erhaltenswilliger und erhaltenswürdiger Landwirtschaftsbetriebe sowie das weitere für seine betrieblichen und baulichen Bedürfnisse notwendige, noch nicht überbaute Land innerhalb des Baugebietes.
Baulandumlegungen und Baulanderschliessungen können Bauernhofzonen rein technisch in eine Landumlegung einbeziehen. Im Sinne der Interessenentflechtung muss insbesondere den landwirtschaftlichen Erschliessungs- und Verkehrsbedürfnissen jedoch bestmöglich Rechnung getragen werden.
Allfällige Planungsmehrwertsbeiträge oder Erschliessungsbeiträge sollen von der Gemeinde zinslos gestundet werden.

Erlass einer Bauernhofzone

Grundlage ist die Richtplanvorgabe eines Bauernhofinventars. Das Bauernhofinventar wird durch Fachleute erstellt. Da die Nutzungsplanung der Richtplanung folgen muss, sind missbräuchliche Abweichungen der Gemeindeversammlung von diesen Vorgaben anfechtbar. Die Bauernhofzone wird durch die Gemeindeversammlung erlassen und durch den Regierungsrat genehmigt.

Aufhebung einer Bauernhofzone

Gemäss Art. 21, Abs. 2 RPG müssen Nutzungsplanungen überarbeitet und angepasst werden, wenn wesentliche Randbedingungen sich verändert haben. Es wird Sache des Inventars sein, die geltend gemachten Veränderungen objektiv zu beurteilen. Solche betriebsbedingten Veränderungen aus der Sicht des Landwirtschaftsbetriebes oder Veränderungen aus der Sicht der Siedlungsentwicklung müssen im Zonenplan berücksichtigt werden. Die Gemeinden werden sicher Interesse daran haben, gut erschlossene Lagen in der Bauzone unter der Bedingung, dass sie für die Landwirtschaft nicht mehr genutzt werden, in die Bauzone zurückzuführen.
Selbstverständlich wird das Gemeinwesen an solche Umzonungen Bedingungen knüpfen wie zum Beispiel die Bezahlung gestundeter Mehrwerts- und Erschliessungsbeiträge.

Kriterien zur Ausscheidung und Aufhebung einer Bauernhofzone

Kriterien aus bäuerlicher Sicht

Grundsätzlich ist der Wille des Bauern, seinen Betrieb am bestehenden Standort zu erhalten, das wichtigste subjektive Kriterium. Dieser Entscheid beinhaltet selbstverständlich in vielen Teilaspekten Kriterien, die bei einer objektiven Prüfung aus der Sicht der gesamten Ortsplanung ebenfalls zu beachten sind. Wichtigste Kriterien sind die vorhandene materielle Basis und die Nachfolge.

Hauptkriterien zur Umzonung einer Bauzone in eine Bauernhofzone

Wenn es sich um einen Vollerwerbsbetrieb handelt, so wird sich in der Familie mehrheitlich immer ein Nachfolger finden, der den Betrieb zum Ertragswert übernehmen möchte. Wenn es sich um Zu- oder Nebenerwerbsbetriebe handelt, dann sind zwei Folgerungen aus subjektiver Sicht der Familie möglich. Entweder man will den Betrieb als Einheit erhalten und bewusst als Zu- oder Nebenerwerbsbetrieb weiterführen, oder der Betrieb wird zum Verkehrswert, vor allem, wenn Bauland im Spiel ist, aufgeteilt. Ob ein Betrieb als Nebenerwerbsbetrieb weitergeführt werden soll oder ob es auch aus agrarpolitischer Sicht sinnvoll ist, dass solche Betriebe zur Aufstockung der verbleibenden Familienbetriebe dienen, ist nur aus der Gesamtheit der übrigen Landwirtschaftsbetriebe beziehungsweise aus den agrar- und bevölkerungspolitischen Entwicklungszielen der Gemeinde oder der Kleinregion zu bestimmen und zu beurteilen.

In der Regel übernimmt ein männlicher Nachfolger den Hof. Fehlt dieser, richten sich die Hoffnungen auf die Tochter beziehungsweise ihren zukünftigen Mann. Bei kleineren Betrieben und kurzer Generationenfolge kann bei der Betriebsnachfolge auch eine Generation übersprungen werden.
Findet sich kein Erbe, der den Betrieb zum Ertragswert übernehmen möchte oder anderweitig vorkaufsberechtigt ist, so wäre zu wünschen, dass der Betrieb einem bäuerlichen Käufer verkauft wird. Dabei muss die Wohnsituation für den Verkäufer natürlich befriedigend geregelt sein. Es kann nicht erwartet werden, dass der Verkäufer eines Landwirtschaftsbetriebes aus seiner vertrauten Umgebung wegzieht.
Heute ist allerdings zu beobachten, dass landwirtschaftliche Liegenschaften schon weit über einem vertretbaren bäuerlichen Verkehrswert gehandelt werden. Es stellt sich dann die Frage, ob die Erbnachfolge einziges Kriterium sein soll, einen Landwirtschaftsbetrieb zum Ertragswert erwerben zu können.
Es wäre zu überlegen, ob in gewissen Zonen bäuerliche Liegenschaften nur zu einem bestimmten Vielfachen des Ertragswertes gehandelt werden dürfen (Entwurf zum neuen bäuerlichen Bodenrecht).
Das Inventar erhaltenswürdiger Bauernhöfe wird zeigen, ob hier überhaupt wesentliche Probleme stecken. Die Erhaltenswürdigkeit der Landwirtschaftsbetriebe würde also über den Rahmen der Erhaltung eines gesunden Bauernstandes ausgedehnt. Landwirtschaftsbetriebe im Baugebiet würden also unabhängig von ihrer Nachfolge in ihrer Substanz geschützt. Sie müssten auch vom Käufer ortsüblich betrieben werden. Diese klar definierbare Nutzungspflicht würde auch den bei beschränkten Preisen möglicherweise auftretenden Schwarzmarkt beschränken.

Der Bauer, wie der Grundeigentümer allgemein, erlebt die gesamte Entwicklung des Dorfes aus seiner subjektiven Sicht. Oft hat er die Erfahrung gemacht, dass er die Gesamtentwicklung durch seinen persönlichen Entscheid nur schwer beeinflussen kann. Dabei macht der Bauer die Feststellung, dass der Status des Landwirtschaftsbetriebes in der Bauzone nicht mehr anerkannt wird. Stillschweigend wird angenommen, die Landwirtschaft bestehe hier nur noch auf Zeit. Für einen sowieso auslaufenden Betrieb wurde dies bisher nie besonders beanstandet. Schwieriger wird es, wenn der Betrieb auf absehbare Zeit weitergeführt werden soll und die Siedlungsentwicklung und deren Folgen als Behinderung sich gegen die Weiterführung auszuwirken beginnen, obwohl der Betrieb erhaltenswürdig ist. Für den aktiven Landwirtschaftsbetrieb hat die Bauernhofzone zwei Aspekte:

a) als Minimalziel soll sie ihm negative Einflüsse der Bauentwicklung möglichst vom Leibe halten, solange er sein Einkommen in der Landwirtschaft verdient;
b) als Maximalziel soll die Bauernhofzone die bäuerliche Substanz im Dorf markieren und als solider Ausgangspunkt für eine Konzeptänderung der Siedlungsentwicklung zugunsten der Erhaltung angestammter Landwirtschaftsbetriebe und einer bodensparenden, dörflichen Siedlungsentwicklung dienen. Im öffentlichen Interesse sollen Massnahmen ergriffen werden, die sich nicht nur im einmaligen Akt der Ausscheidung der Bauernhofzone erschöpfen, sondern darüber hinaus räumlich und zeitlich eine ganze Strategie zum Schutze der Landwirtschaft und erhaltenswerter dörflicher Strukturen beinhalten.

Je nach dem Grad der Verwirklichung der Schutzziele wird auch der Bauer länger- oder kürzerfristigen Konsequenzen einer Bauernhofzone in unterschiedlichem Masse zustimmen. Wenn zum Beispiel eine Bauernhofzone eine weitere objektive Verschlechterung der landwirtschaftlichen Existenzbedingungen im Dorf (Verkehrsverhältnisse) nicht verhindern konnte, so wird sich der Bauer fragen müssen, ob die Einsparung beziehungsweise die Stundung von Erschliessungsbeiträgen es zum Beispiel überhaupt rechtfertigen, eine entschädigungslose Bauernhofzone ausscheiden zu lassen. Vor allem eben dann, wenn eine solche Bauernhofzone anlässlich einer erwünschten Verlegung des Betriebsstandortes nicht mehr in die Bauzone umgezont werden könnte. Und er wird sich – wie jeder andere Grundeigentümer – wieder in die Strategie des Abwartens zurückziehen beziehungsweise einer Bauernhofzone skeptisch gegenüberstehen. Die Chance, einen eventuell noch intakten bäuerlichen Betriebsstandort zu erhalten und raumplanerisch zu sichern und zu verbessern sowie eine zusätzliche, unnötige Aussiedlung zu verhindern, würde so zum Schaden angestammter Strukturen vertan.
Eine Bauernhofzone, welche dagegen objektiv die massgeblichen Strukturen für den Bauern verbessert, wird deshalb nicht ohne weiteres wieder in eine Bauzone umgezont werden können. Dem wird auch der Bauer in dem Masse zustimmen, als öffentliche Gelder zur Verbesserung seines Standortes und seiner Gebäude aufgewendet werden und eine Nachhaltigkeit dieser Gelder zu sichern ist. Er wird einer Bauernhofzone, das heisst einer Nichtbauzone, kaum zustimmen, wenn er dabei lediglich den Vorteil geniesst, keine Erschliessungskosten bezahlen zu müssen, jedoch die durch die Erschliessung veränderten Verkehrsverhältnisse sowie die verkehrsmässige Abtrennung seiner Liegenschaft von der Flur, der Verlust von Pachtland etc. voll zu seinen Lasten weitergehen. In einer solchen Situation hätte die Bauernhofzone offensichtlich nichts gebracht – ausser, dass der Bauer auf den Baulandwert abzüglich eingesparter Erschliessungsbeiträge verzichtet hat. Die interne Diskussion in der Familie wird dann auch dazu führen, dass die Bauernhofzone in den Ruf einer Falle gerät. Dies sollte nicht sein – sondern der Bauer soll durch eine aktive Vorwärtsstrategie überzeugt werden, mitzumachen. Wenn sich aufgrund flankierender Massnahmen die Situation des Betriebszentrums im Laufe der Zeit durch Landabtausch mit alternativen Bauzonen etc. verbessern lässt, zeigt sich der landwirtschaftliche Charakter der Bauernhofzone deutlich. Mit anderen Worten, der längerfristige Wert einer Bauernhofzone sollte in eine langfristig gesicherte Landwirtschaftszone münden. Dies könnte unter Umständen auch gegen den Willen des Bauern geschehen, wobei hier die Rechtsmittel zur Verfügung stehen. Die Gerichte werden dann auf der Grundlage des Inventars und der dort analysierten Situation über die zonenplanerische Sicherung der mit öffentlichen Geldern erreichten Strukturverbesserung entscheiden müssen.

Weitere Kriterien für eine Umzonung von der Bauzone in eine Bauernhofzone sind:

- bauliche Eignung des Betriebszentrums für den nächsten Investitionshorizont, ca. eine Generation,
- Betriebseinrichtung, keine ortsunüblichen Immissionen,
- Zustand der Bausubstanz und Sanierungsfähigkeit,
- Verkehrsverhältnisse, rückwärtige Erschliessung auf die Flur, etc.

Kriterien für eine Umzonung von der Bauernhofzone in eine Bauzone

Das Betriebszentrum eignet sich für die notwendigen baulichen Erweiterungen nicht mehr. Zum Beispiel lässt sich auf einer Fläche von 15 a im Baugebiet aus Platzgründen kein Rindermastbetrieb und noch weniger ein Schweinemastbetrieb einrichten. In solchen Fällen nicht ortsüblicher Lärm- und Geruchsimmissionen ist die Verlegung des Betriebes an den Dorfrand oder auf die offene Flur unvermeidlich.
Eine bäuerliche Nachfolge ist nicht mehr vorhanden, weil der Landwirtschaftsbetrieb kein genügendes Einkommen abwirft und eine rationelle, attraktive Gestaltung einer Nebenerwerbslandwirtschaft nicht möglich ist. Meist geht mit dieser Situation auch ein zu grosser Investitionsnachholbedarf einher.
Der Siedlungsfortschritt um das Betriebszentrum herum steigert entsprechende Immissions- und Verkehrsprobleme (Häufigkeit von Immissionsklagen, Transportzeit Betriebszentrum – Flur, Verkehrsprobleme etc.).

Kriterien aus der Sicht der Ortsplanung

Nicht im Einflussbereich der Ortsplanung liegen allgemeine agrarpolitische Zielsetzungen. Es stellt sich die Frage: Sollen die Vollerwerbsbetriebe durch frei werdendes Land auslaufender Landwirtschaftsbetriebe aufgestockt werden oder sollen auslaufende oder strukturschwächere Betriebe als Nebenerwerbsbetriebe weitergeführt werden, aus Gründen einer ländlichen Bevölkerungspolitik oder zur Erhaltung des bäuerlich geprägten Ortsbildcharakters?

Ebenso geht es um die Gesamtheit der Bauernbetriebe in einer Gemeinde. So muss festgestellt werden, dass Konflikte zwischen Siedlungsentwicklung und angestammten Landwirtschaftsbetrieben einzelbetrieblich oft durch Einzelaussiedlung und Baulandverkauf gelöst werden, die den bäuerlichen Bodenmarkt belasten und zukünftige landwirtschaftliche Strukturverbesserungen in ihren Möglichkeiten stark präjudizieren können. Solche «Einzelsanierungen» sind oft schlecht auf das Landschaftsbild und das äussere Ortsbild abgestimmt.

Kriterien für die Umzonung einer Bauzone in eine Bauernhofzone

Aus der Sicht der Ortsplanung sollen durch eine Bauernhofzone vor allem bäuerlich geprägte Ortsteile erfasst werden, die im Siedlungsgebiet nicht (oder noch nicht) einer zusammenhängenden Landwirtschaftszone zugeteilt werden können.

Sofern eine landwirtschaftliche Vorplanung dies als sinnvoll erscheinen lässt, sollen auch Nebenerwerbsbetriebe und Altersbetriebe durch eine Bauernhofzone erfasst werden. Voraussetzung dabei ist, dass es sich um ortsüblich geführte Landwirtschaftsbetriebe handelt und diese Massnahmen zur Sicherung des bäuerlichen Ortscharakters beitragen.

Im Hinblick auf die Kriterien für eine Aufhebung der Bauernhofzone kann sie auch befristet festgesetzt werden, um bestehende Landwirtschaftsbetriebe bis zu einem Zeitpunkt grösserer Strukturverbesserungsmassnahmen oder bis zum nächsten Generationenwechsel zu schützen. Dies ist dann vorzusehen, wenn aus der Sicht der Ortsplanung deutlich wird, dass längerfristig die nichtlandwirtschaftliche Siedlungsentwicklung die bäuerliche Dorfsubstanz verdrängt und dass dieser Konflikt nicht zugunsten der Landwirtschaft gelöst werden kann.

Kriterien für die Umzonung einer Bauernhofzone in eine Bauzone

- Der Standort des Landwirtschaftsbetriebes wird von einer wachsenden, halbstädtischen Siedlungsentwicklung immer mehr eingeschlossen.
- Eine Umzonung von der Bauernhofzone in eine Bauzone wirkt sich nicht zum Nachteil bestehender, verbleibender Landwirtschaftsbetriebe aus.
- Die bisherige Bauernhofzone hat interimistischen Charakter gehabt. Inzwischen sind für den Landwirtschaftsbetrieb ganzheitlich bessere Lösungen gefunden worden. Ev. Absicherung durch eine landwirtschaftliche Planung, durch Landumlegungen im Übergangsbereich von Bauzone und Landwirtschaftszone (Entflechtungsumlegung), etc.
- Der Charakter des Siedlungsgebietes hat sich offen zuungunsten der bäuerlichen Substanz in der Bauzone gewandelt. Anhaltspunkte sind: Verkehrsverhältnisse, Immissionen, Erschliessung Betriebszentrum – Flur bezüglich Wegführung und Distanz.
- Verschiedene Strukturverbesserungsmassnahmen haben nicht dazu geführt, bessere Wirtschaftsverhältnisse für den Landwirtschaftbetrieb mit Betriebszentrum im Baugebiet zu ermöglichen.
- Der Landwirtschaftsbetrieb ist auslaufend bzw. kann wegen einem zu grossen Investitionsrückstand und mangels Nachfolge nicht weitergeführt werden.

Protokolle der Kantonsbefragungen

Einführung

Ziel
Ziel der Kantonsbefragungen war es, mehr über die Gesetzesanwendung in den Kantonen und die Praxis im Umgang mit den agraren Ökonomiebauten zu erfahren. Werden diese Bauten als Kulturgut anerkannt und mit entsprechendem Respekt behandelt? Welche kantonalen und welche Bundesgesetze können zu ihrem Schutz herangezogen werden? Wie steht es mit dem Vollzug?

Teilnehmer
Die Befragungen wurden von Beate Schnitter und einer weiteren Person der NFP 16-Arbeitsgruppe durchgeführt, und zwar in allen Kantonen ausser Basel-Stadt. An den meisten Gespächen nahmen Vertreter der folgenden kantonalen Ämter teil: Denkmalpflege, Landschaftsschutz, Raumplanung, Melioration, Rechtsdienst. Gelegentlich stiessen noch weitere Personen dazu: von der Bauernhausforschung, der kantonalen NHK, von privaten Heimatschutzvereinigungen oder sogar ein Politiker. Eingangs der Protokolle sind die Ämter und ihre jeweiligen Vertreter aufgeführt. Allen Teilnehmern sei an dieser Stelle für die sehr offen, engagiert und kritisch geführten Gespräche ausdrücklich gedankt.

Art der Durchführung
Die Befragung wurde nicht nach einem starren Fragenkatalog, sondern in Form eines Gesprächs durchgeführt, bei dem die folgenden Themenbereiche zur Sprache kamen:
- Gründe für den Zerfall oder Verlust der historischen Ökonomiebauten
- regionale Bautypen und ihre spezifische Gefährdung
- administrativer Vorgang bei der Behandlung von Meliorationsgesuchen innerhalb und ausserhalb der Bauzone
- planerische Schutzmassnahmen
- Schwachstellen von Gesetzen, Subventionsverordnungen etc.
- Umnutzungsmöglichkeiten historischer Ökonomiebauten und Möglichkeiten für eine bessere Gestaltung von Neubauten.

Entsprechend den assoziativ erfolgten Gesprächen sind die Protokolle aufgezeichnet worden, ohne nachträglich ordnende Eingriffe. Die Reihenfolge der Themen ist ohne Wertung und keiner inneren Logik folgend. Die Protokolle sind als Zusammenfassung der wichtigsten Resultate der einzelnen Gespräche zu lesen.

Resultate
Der Reichtum an *regionalen Unterschieden* spiegelt sich in den Antworten überraschend klar. Es sind indessen nicht nur die Topographie, das Klima und die Bodenbeschaffenheit mit den daraus resultierenden Bewirtschaftungsweisen, die von grosser Vielfalt zeugen. Es ist auch die aus der Geschichte der Kantone hervorgegangene Administration, die hier eine enorme Gemeindeautonomie ermöglicht und dort den Kanton «obrigkeitlich» bestimmen lässt. Entsprechend ist die Einflussnahme auf das Schicksal der historischen Bauten seitens der Kantone sehr klein oder eben weit grösser und dann den Erhaltungsbestrebungen meist auch förderlicher.

Die Volksabstimmung über den Zuckerbeschluss fiel in die Zeit der Kantonsbefragungen. Es war auffallend, welch tiefen Eindruck das Abstimmungsresultat bei der kantonalen Verwaltung hinterliess. Vor der Abstimmung war die aktuelle *Landwirtschaftspolitik*, das heisst Rationalisierung und Ertragssteigerung, gesteuert durch Subventionen und entsprechende Gesetze, als unumstösslich notwendige Folge der europäischen Bevölkerungsentwicklung nach dem zweiten Weltkrieg dargelegt worden, mit allen zerstörerischen Konsequenzen für die historischen Ökonomiebauten. Aufgrund der plötzlichen, durch den Zuckerbeschluss ausgelösten Verunsicherung war eine grössere Behutsamkeit zu spüren, eine weit offenere Bereitschaft, auf kritische Überlegungen zur Subventionierungspraxis und Bewirtschaftungsweise einzugehen. Es war eine Öffnung zu erkennen für eine breitere Vielfalt von subventionswürdigen Lösungen, die der vielfältigen Struktur besser zu entsprechen vermöchten.

In allen Kantonen fand sich eine klare Zustimmung zum *Raumplanungsgesetz*, besonders bezüglich der klaren Trennung von Bauland und Nichtbauland.

Weiter liessen die Gespräche erkennen, dass die Kontakte der Ämter untereinander von Kanton zu Kanton sehr verschieden sind. Im Interesse einer Berücksichtigung möglichst vieler Belange bei einer Melioration wäre eine solche Zusammenarbeit zwischen den Ämtern aber sehr zu fördern. Auch scheint das *Inventar der schützenswerten Ortbilder der Schweiz* (ISOS) erst bei den Raumplanern und Denkmalpflegern bekannt zu sein, während es doch als Arbeitsinstrument in allen räumlichen Belangen beigezogen werden müsste.

Es war ermutigend festzustellen, dass in den meisten Kantonen die allgemeine Problematik der leerstehenden Ökonomiebauten ein bekanntes Thema ist. Aufgrund der Umfrage kann indessen nicht gesagt werden, dass diese Bauten überall als Kulturdenkmäler anerkannt werden. Wenn auch in einigen Kantonen abgeschlossene Inventare dieser Bauten vorliegen (z. B. FR, GE), die in der Bewilligungspraxis stets beigezogen werden, so werden sie im übrigen doch meist als reine Nutzbauten beurteilt. Sobald von einer Scheune als Schutzobjekt gesprochen wird, scheint die «Kulturscheune» in der Agglomerationsgemeinde die einzige, aber verpönte Möglichkeit der Erhaltung darzustellen. Dass diesen bescheidenen Bauten, Zeugen unserer agrarwirtschaftlich geprägten Vergangenheit, die gleiche rücksichtsvolle Behandlung gebührt wie anderen gebauten Kulturgütern blieb oft als Wunsch offen.

Fisibach

Endingen

Aargau, 3.11.1986 (revidiert am 6.4.1989)

Anwesend:
Denkmalpflege (Schlatter)
Abteilung Hochbau / Ortsbildschutz (Barben)
Abteilung Raumplanung (Lombardi, Gassmann)
Rechtsabteilung (Frau Stekfeld)
Baugesuchszentrale (Suter)
Abteilung Landwirtschaft (Wernli)
Schweizer Heimatschutz (Monica Aczél, Beate Schnitter)

1. *Bewilligungsverfahren:* Der Gemeinderat erteilt die Baubewilligung. Folgende Baugesuche müssen vom Baudepartement (Baugesuchszentrale) vorgeprüft und dürfen nur mit dessen Zustimmung bewilligt werden: Bauten ausserhalb der Bauzone, an Kantonsstrassen, an öffentlichen Gewässern, an Nationalstrassen, in ungesetzlichem Waldabstand, an aargauischen Nebenbahnen (vgl. Art. 152 und 165 Baugesetz, Art. 24/25 RPG).
Die Baugesuchszentrale begrüsst die entsprechenden Fachabteilungen. Diese erstatten Bericht zuhanden der Baugesuchszentrale. Der Departementsentscheid wird durch die Baugesuchszentrale formuliert und dem Gemeinderat eröffnet. Dieser nimmt den Entscheid entgegen, zieht noch die kommunalen Bauvorschriften in Betracht und entscheidet. Im *Beschwerdefall* wird die Rechtsabteilung des Baudepartementes oder der Regierungsrat – wenn das Baudepartement mitgewirkt hat – entscheiden.
Die Baugesuchszentrale behandelt bis zu 2500 Gesuche pro Jahr.

2. *Neubauten ausserhalb Baugebiet für landwirtschaftliche Betriebe:* Erforderlich ist die kantonale Zustimmung. Sie wird erteilt, wenn der Standort in der Landwirtschaftszone ist, ein betriebliches Bedürfnis nachgewiesen werden kann und das Projekt zonenkonform ist. In allen anderen Fällen bedarf es einer Ausnahmebewilligung nach Art. 24 RPG. Die Landschaftsverträglichkeit des Standortes wird bei Neusiedlungen in jedem Fall geprüft.

3. *Umbauen von erhaltenswürdigen Ökonomiebauten ausserhalb Baugebiet:* Teilweise Nutzungsänderungen im Sinne von Art. 24, Abs. 2 RPG werden gestattet, hingegen keine vollständigen (Beispiel: Lager für sanitäre Apparate in leerstehender Scheune als passive Lagernutzung). Der Einbau eines Altenteils, integriert in ein bestehendes Gebäude, ist für Familienmitglieder bei Betriebsablösung möglich. Scheunen, die nahtlos an den Wohnteil anschliessen, können mit 25% der Bruttogeschossfläche des Wohnteils zu Wohnzwecken ausgebaut werden. Sofern für den landwirtschaftlichen Altbau kein betrieb-

Endingen

Tegerfelden

liches Bedürfnis nachgewiesen werden kann, muss er bei Ersatzbau ausserhalb der Bauzone abgerissen werden. Beispiel Winterschwil: Haus wegen Güterregulierung leerstehend (Aussiedlung). Da Weiler nicht zur Bauzone gehören, sind nur 25% der Bruttogeschossfläche des Wohnteils als Wohnflächenerweiterung möglich, mit der Auflage keine zusätzliche Wohnung daraus zu machen (Baugesetz).
Wer soll nun ein altes Haus antreten und die Kosten der Erhaltung allein begleichen? Beispiel Mülau (Weiler): Leerstehende Bauten werden an Bauunternehmer verkauft.
Weiler gelten nicht als Bauzone. 80% der Bauten sind Altbestand.

4. *Aussiedeln eines Hofes von innerhalb nach ausserhalb Baugebiet:* Die Abteilung Landwirtschaft wird vom Bauern angesprochen, ob die Altbauten saniert werden können. Es gibt Fälle, wo Ergänzungsbauten möglich sind, weil zonenkonform und lagemässig sowie betrieblich zweckmässig. Fehlen günstige Verhältnisse bei den Altbauten, wird gesiedelt.
Die Vertreter der Abteilung Landwirtschaft geben zu, dass jetzt ein gewisses Umdenken stattfinde zur Frage der Sanierungsmöglichkeiten von Altbauten. Bisher beurteilten die Sachbearbeiter der Landwirtschaftsabteilung die Erhaltenswürdigkeit der Bauten selbst oder nahmen Ratschläge von der Abteilung Raumplanung entgegen. Man berät gemeinsam mit den anderen zuständigen Ämtern. Dies wird aber von der Raumplanung bestritten. Denkmalpflege und Abteilung Hochbau würden nicht zur Begutachtung von Altbauten beigezogen. Der Bauer wünsche eine computergesteuerte Fütterungsstelle und bestimme den Ort für den neuen Hof selbst. Die Raumplanung weist auf Art. 24. Abs.2 RPG Bund, wo bezüglich der *Qualität der Bauten* wohl eine *Gesetzeslücke* bestehe. Der Ortsbildbeauftragte kann auf Anfrage der Gemeinde resp. der kantonalen Baugesuchszentrale im Ortsinnern und, soweit es die Ortsränder betrifft, auch ausserhalb des Ortes bei Erhaltungsfragen Stellung beziehen. Seit dem 6.4.89 ist das ISOS rechtskräftig.

5. *In den Dorfzonen* könnten die Gemeinden den Scheunenausbau bremsen, tun dies aber nicht. Soweit nicht ausdrückliche Vorschriften bestehen, wird die Einpassung von Neubauten nur via §159 Baugesetz geprüft. Bei ortsbildrelevanten Objekten an Kantonsstrassen kann der Ortsbildbeauftragte bei der Baugesuchszentrale einen gewissen Einfluss ausüben. Das ISOS wird von der Baugesuchszentrale bei der Behandlung von Gesuchen beigezogen. Soweit Gesuche in der alleinigen Kompetenz der Gemeinde liegen, hat der Kanton keine Rechtsgrundlage, bei Baubewilligungen das ISOS durchzusetzen. Gutes Beispiel für Umnutzung: Post in Scheune, Erlinsbach.

6. *Schutz via Planung (Ortsplanung):* In der Planungsphase wird dem Planer als eine der Randbedingungen das ISOS mitgeliefert. Das Verständnis für dieses Inventar wächst. Für einen flächendeckenden Schutz in Dorfzonen eignet sich das ISOS als Grundlage gut. Bei Substanzschutz trifft man auf grossen Widerstand und ein solcher wird für Scheunen ohnehin nicht in Erwägung gezogen. Somit sind nicht mehr landwirtschaftlich genutzte Scheunen im Baugebiet «verloren» (Bauerwartungsland). Ausweg: Höfe, obwohl sie im Dorf liegen, der Landwirtschaftszone zuteilen. Ev. als Mittel Gestaltungsplan beiziehen. Bei Ortsplanungen und Planungsrevisionen wird *Pionierarbeit für den Vollzug resp. den Einbau des ganzen ISOS geleistet*. Der Ortsbildbeauftragte berät bei der Ortsplanung mit. Die Akzeptanz hängt grundsätzlich von der Gemeinde ab. Wo kantonale oder nationale Interessen krass nicht gewahrt werden, besteht im Genehmigungsverfahren die Möglichkeit der Einflussnahme seitens des Kantons.

7. *Denkmalpflegerische Argumente:* Scheunen werden nur in Ausnahmefällen (z.B. im Ensemble mit Schloss) als schutzwürdig taxiert. Für gewöhnliche Scheunen etc. fehlen noch ästhetische Argumente. Geeignete Neunutzungen mit minimalem Ausbau sind «Glücksfälle». Meist werden Scheunen im Ort «bis unter den letzten Ziegel» ausgebaut. Zu hohe Dichte kann als Argument gegen den Totalausbau nicht aufgeführt werden, seit in

Endingen

Künten

einer juristischen Auseinandersetzung auf die Dichte der Altstädte hingewiesen wurde.

8. Die *Bundessubventionen* sind geregelt durch die kantonale Verordnung. Die Ansätze werden in % der Bausumme festgesetzt. Gleiche Beiträge für Altbausanierung wie für Neusiedlung wären denkbar, werden aber nicht praktiziert. Der Verkauf der Altliegenschaft im Dorf begünstigt die Finanzlage des Aussiedlers, so dass dies die Regel ist. Ortsbildbeiträge wären ebenso denkbar, wenn die Gemeinde mitzieht. Dieser Fall kommt selten vor.

9. *Güterregulierungen* kommen immer seltener vor, da der Verkehrswert gegenüber dem Ertragswert immer weiter steigt. Die Planer meinen, die Bodenpolitik müsse von den Bauern aus neu geregelt werden. Demgegenüber ist der Vertreter der Abteilung Landwirtschaft überzeugt, dass die Flächenvergrösserung pro Betrieb weiter anwachsen und daher neu gesiedelt resp. die bestehenden Siedlungen vergrössert werden müssen. Die grosse Welle der Aussiedlung ist aber wohl zu Ende. Sie wurde die «Krönung der Regulierung» genannt. (Neu 1989: Aussiedlung wegen Steigerung der Landpreise im Baugebiet wird wieder aktuell).

10. *Bauliche Schwierigkeiten* (z.B.):
- Typus Fricktaler Hof eignet sich nicht zur Vergrösserung, weil die Parzellen an der Strasse zu schmal sind.
- Freiämter Häuser sind geeigneter, weil die Scheunen grösser und freistehend sind.
- Ziegel sind für ein Heugebläse untauglich, was im Widerspruch zu Ortsbildauflagen steht, wo Ziegel statt Eternit verlangt werden.
- Leere Scheunen in einiger Entfernung vom Hof oder in unmittelbarer Nachbarschaft werden nicht (wie z.B. in Ardez) zum Betrieb geschlagen.

11. Ein *Inventar* der herkömmlichen landwirtschaftlichen Ökonomiebauten wäre Bedingung für den Beweis der historischen Substanz. Es fehlt für diesen Bautyp. Die alten Ökonomiebauten müssen aber auch funktionstüchtig sein, damit beide Eigenschaften – Weiternutzung in der Landwirtschaft und Schutzwürdigkeit – für eine Auszonung erfüllt sind.

12. Die alte Natur- und Heimatschutzverordnung hatte mehr qualitative Bestimmungen als die neuen Landschaftsschutzbestimmungen.

13. Ortsbildschutzbeiträge werden aus dem Lotteriefonds bezahlt (kein reguläres Budget): Jedes Gesuch wird vom Regierungsrat geprüft.

Gais

Gais

Appenzell Ausserrhoden, 22.11.1987

Anwesend:
Denkmalpflege (Rosmarie Nüesch)
Raumplanung (Hartmann, Meier)
Meliorationsamt (Ehrbar)
Schweizer Heimatschutz (Monica Aczél, Beate Schnitter)

1. Alle *Baugesuche* werden von den Gemeinden zur Prüfung an die Zentralstelle für Baugesuche gesandt, welche sie den jeweils zuständigen kantonalen Amtsstellen zustellt:
Oberforstamt
Landwirtschaftssekretariat
Assekuranz
Strassenbau
Planungsamt
Gewässerschutz

2. Appenzell AR hat kein Ortsbild mit Scheunen, daher gibt es zur Scheunenerhaltung *nur Fragen ausserhalb der Bauzone*.

3. Die Landwirtschaft befindet sich im *Streusiedlungsbereich*. Das Appenzellerhaus ist mit der Scheune zusammengebaut (in der Regel Kehrfrist).

4. *Leerstehende alte Scheunen* (wegen Vergrösserung der Betriebseinheit) stehen unter grossem Zweckveränderungsdruck. Der Wohnraum darf um 1/3 erweitert werden, wenn die Erweiterung innerhalb des bestehenden Volumens untergebracht werden kann, nur um 1/4, wenn es sich um einen Anbau an das Wohnhaus handelt. Demnach wird der Anteil von 1/3 in der Scheune ausgebaut.

5. Der *kantonale Schutzzonenplan* 1:25'000 beinhaltet Landschaftsschutz-, Naturschutz- und Ortsbildschutzgebiete. Strengster Landschaftsschutz: Erhöhung der baulichen Anforderungen laut Art. 13 Einführungsgesetz zum RPG. Die Baudirektion prüft die Gesuche. Bei allen grösseren Vorhaben wird der Heimatschutz AR (z.Zt. Frau Nüesch) zur Beurteilung beigezogen. Art. 77 Einführungsgesetz zum RPG regelt allgemeine Gestaltungsweise sowie Kriterien zu guter Gestaltung.
Bauprojekte und Planungen in Ortsbildern – Beurteilung gemäss Art. 15 Einführungsgesetz zum RPG – von nationaler Bedeutung laut ISOS gehen an den Kanton zur Begutachtung.

Trogen

Wolfhalden

6. *Schleichende Zweckänderung* (Ausbau Scheune) geschieht auch ohne Baubewilligung. Die Auswirkungen sind da, auch wenn von aussen nichts sichtbar ist (Strassen, Parkplätze, Leitungen etc.). Die Unterhaltslast für die Scheune führt zur Verwendung als Garage, Kleintierstall, Geräte- und sonstiger Abstellraum, was als neue Verwendung i.O. befunden wird. Ganze Heimet werden geschätzt, auch von Auswärtigen (Ferien!). Daher werden Scheunen kaum abgebrochen. Es gibt auch sehr viele, daher hat man keine grossen Bedenken, wenn hie und da ein entlegenes, uninteressantes Objekt abgeht (besser als Strasse dorthin).

7. *Kulturobjekte* können unter Schutz gestellt werden. Gemeinden schlagen diese nun vor. Ausser Scheune und Haus wären auch Riet- und Torfhäuschen im Raum Gais/Urnäsch erwähnenswert. Scheunen allein gibt es kaum als Schutzobjekte.

8. Generell sind die Betriebe von 7 auf 15 ha vergrössert worden. Je nachdem wurden für den vergrösserten Betrieb Wohnhaus und Stallscheune neu gebaut oder eine *neue Stallscheune* in vernünftigem Abstand zum alten Wohnhaus. Die alte Stallscheune wird für Kleintiere oder Jungvieh genutzt. Gelegentlich wird eine alte angebaute Scheune auch abgerissen. Der Anschluss einer neuen Scheune an den Wohnhaus-Altbau ist wegen der grösseren, vom Betrieb diktierten Bautiefe oft problematisch. Dies zeigt sich im Dach resp. in der ungunten Dachneigung. Ein Wettbewerb ergäbe keine Patentlösung, weil Lage und Topografie variieren. Mit gutem Resultat wurden in Appenzell Innerrhoden Wettbewerbe veranstaltet, aber gezielt für drei Objekte.
Die kantonale Verwaltung wendet sich für neue Stallbauten an Firmen mit guter handwerklicher Qualität (Fa. Lehmann Gossau SG). Einzelne Zimmereien, sogar einzelne Bauern, machen gute Neubauten. Kurpfuscher sind zwar auch unter den Zimmerleuten zu finden. Diese können aber via Planungsamt meist «abgeklemmt» werden. Das einheimische Gewerbe wehrt sich gegen ausländische Fertigbauelemente. Die Subventionsbehörde wehrt sich auch wegen der Einpassung ins Gelände dagegen, welche sehr heikel ist bei meist 30% Hangneigung (ergibt bei Nordhängen bis 10 m Fassadenhöhen). Selbst ein «Appenzellertyp» wäre abzulehnen, da er in der Wiederholung zu aufdringlich wird. Freistehende Stallscheunen führen zu besseren Lösung als der Anbau einer neuen Stallscheune an den alten Wohnteil. Nur via Subventionen kann die Qualität kontrolliert werden.

9. Alte Holzställe berücksichtigen das *Stallklima* besser. Aber die Appenzeller bevorzugen für die Aufzucht 15–17°C, Lufterneuerung 2–3 mal pro Stunde, 80–85% Luftfeuchtigkeit, was zu Holzfäulnis führt, ein häufiger Grund, weshalb die Ställe erneuert werden *müssen*. Auch ist die Schwelle des Ständers nur auf einzelnen Steinen fundiert, was zu Setzungen bis Abbruch führt (Ziel: Reduktion auf 12°C).

10. *Anfall von Gesuchen auf dem Landwirtschaftssekretariat:* 60 Fälle im letzten Jahr (inkl. Düngeranlagen), davon 15–20 Fälle für Scheunen. Wegen der Milchkontingentierung und dem «Ämtermarsch» verlangsamt sich die Gesuchstellung gegenüber früher (Vorprojekt/Planung/ eidg. Bewilligung/Detailprojekt/Kostenvoranschlag/Finanzierungsabklärung/Kant. Subvention/eidg. Subvention/Baubewilligung der Gemeinde).

11. Auch die Mechanisierung macht eine Entwicklung durch (Krane). – Der «typische» Appenzellerstall sollte einen Leistenschirm bis zum Boden haben. Dies wurde bei neuen, gemauerten (betonierten) Ställen missachtet und soll jetzt korrigiert werden (besseres Stallklima). Auch die Ziegel sind in der Qualität wieder besser, so dass Welleternit für die Bedachung wieder vermieden werden kann.

12. *Sennhütten* werden noch gebraucht, vielfach auch ausgemietet ohne bauliche Veränderung. Maiensässe gibt es nicht.

13. Ein schwieriges Problem ist das *Recht auf die alte Baustelle:* neu bauen ohne alte Nutzung ist ein Unikum in der RPG-Anwendung!

Heiden, Gmeind

Ein Abbruch der nicht mehr landwirtschaftlich genutzten Höfe (in vernünftigem Mass) wäre besser als Neubauten. Auch das Unterlaufen des einheimischen Besitzes durch ausserkantonale Feriengäste ist unerwünscht, weil dadurch die Bodenpreise steigen und die Bauern konkurrenziert werden. Diese Preisentwicklung liegt aber jenseits der Einflussnahme von Kanton und Gemeinde. In der Folge werden die Altbauten oft verkitscht. Bauliche- und Nutzungsänderungen werden primär vom Kanton (nach RPG) beurteilt.

Vorderer Rechböhl, Unterrain (Bez. Appenzell)   *Brülisau*

Appenzell Innerrhoden, 23.2.1987
(revidiert am 3.3.1989)

Anwesend:
Meliorationsamt (A. Elmiger, Adjunkt)
Ratskanzlei (R. Keller, Rechtsdienst)
Landesbauamt (F. Büsser, Rechnungsprüfungs-Kommission)
NHK-Präsident (H. Neff)
Landwirtschaftlicher Betriebsberater (H. Pavlovic)
Schweizer Heimatschutz (Beate Schnitter, K. Zulauf)

In den historischen Ortskernen von Appenzell Innerrhoden hat es keine Scheunen. Dort wäre eine Erhaltung möglich wegen der Kernzonenvorschriften.
Die Dörfer wuchsen aber im letzten Jahrhundert ins Land hinaus, z.B. am Rand von Appenzell die Siedlung «Ried», *Kleinbauernhäuschen*, die schutzwürdig wären, nicht bäuerlich genutzt sind und z.T. in der Wohn-, z.T. in der Gewerbezone liegen. Wenn sie in die Landwirtschaftszone kämen, wäre eine bessere Chance geschaffen, sie zu erhalten. In der Gewerbezone sind sie verloren. Nutzungszonen werden nicht überlagert von Schutzzonen, da diese noch nicht ausgeschieden sind. Das ISOS ist noch nicht in Kraft gesetzt worden. Die Bezirke unternehmen nichts für den Schutz der Tradition, der «Schönheit». Die Vorstösse der NHK werden von der Standeskommission unter den Tisch gewischt. Alpgebiete gibt es ab 1100 bis ca. 1700 m.ü.M. Maiensässe gibt es nicht, Weidställe vereinzelt; sie werden noch genutzt.

Ausserhalb der Bauzone liegen die meisten Höfe. 1 Betrieb kann mehrere Ställe haben. Es gibt viele kleine Betriebe, da die Bauern früher zusätzlich Textilarbeiter waren; es finden sich immer weniger Pachtparzellen um einen grösseren Betrieb aufzubauen. Wenn eigenes Land vorhanden ist und Pachtparzellen dazu gefunden werden, kann der Betrieb auf einen einzigen Stall konzentriert werden, wodurch allerdings Leerställe entstehen. Wenn ein leerer Stall allein steht, muss von Fall zu Fall beurteilt werden, ob er eingehen soll. Wenn er ans Haus angebaut ist (mit Quergiebel über dem Haus), wird er als Hobbyraum, Garage genutzt, evtl. auch schleichend ausgebaut, so dass man es von aussen nicht sieht.
Für freistehende, ungenutzte Ställe könnte man nach Art. 53 Baugesetz den Unterhalt verlangen. Der Artikel wird aber eher angewendet, um den Abbruch zu beschleunigen (Gefährdung der Öffentlichkeit).
Ein Stallneubau löst oft den Abbruch des alten Stalles aus, sofern es nicht ein Weidstall ist. Gebäudeteil und Betriebsgrösse müssen einen logischen Zusammenhang haben, um zonenkonform zu sein. Dieser Leitsatz wird aus RPG abgeleitet.

Alp Furgglen (Bez. Rüte) *Alp Soll (Bez. Rüte)*

Landwirtschaftsrechtliche Bestimmungen gegen die Überproduktion überschneiden sich u.U. mit dem RPG. Eine Verwendung als Kleintierstall wird u.U. ermöglicht wegen dem Stallbaustopp (Gewässerschutz setzt Düngerbelastung eine Grenze). Eigentlich wird auch der Boden überbeansprucht mit zu vielen Tieren (3,5 Düngegrossvieheinheiten/ha ist sehr grosszügig bemessen). Ergänzung 1989: Eine Reduktion der DGVE/ha ist unerlässlich.
Ackerbau ist im Kanton Appenzell Innerrhoden nicht möglich. Aus topografischen Gründen ist es eine der intensivst bewirtschafteten Futterbau-Gegenden der Schweiz. 25% der Appenzeller sind noch Bauern, 85% davon hauptberuflich.

Stallneubauten sind wesentlich grösser, um den neuen Normen zu genügen. Diese kommen aus dem Unterland (Stallraumhöhe 2.40–2.60 statt wie früher 1.70). Es bestehen ähnliche Probleme wie in Appenzell Ausserrhoden bezüglich der Stalltemperatur für die Aufzucht (Tierschutzgestetz).
Ein Stallneubau führt den Bauern zuerst zum landwirtschaftlichen Berater (Pavlovic), der den Betrieb ansieht, Gebäude, Vieh, Land, Finanzen untersucht und dann das Raumprogramm aufstellt, dazu einen Grundriss entwirft, evtl. einen freistehenden Neubau. Eine Reparatur des Altbaus ist unerwünscht, denn dafür gibt es keine Subventionen, evtl. ein Umbau, denn Subventionen für kleinere Bauvorhaben sind kantonal höher angesetzt, wenn keine Subvention von Bern kommt (mit Bern: 35% eidg. + 22,5% kant., ohne Bern: 27% kant.).
Jedes Baugesuch kommt vor die NHK. Jedermann kann einsprechen. Es gibt kein Natur- und Heimatschutzgesetz (in Vorbereitung), hingegen eine Verordnung. Es ist indessen schwierig, Einsprache zu erheben.
Ein Inventar der Bauernhäuser/Ställe existiert nicht. Es gibt keine Ställe, die unter Schutz stehen, hingegen einzelne der angebauten Wohnteile. Der Besitzer muss selbst Freude haben am Alten, sonst kann der Kanton kaum einschreiten.
20 Scheunen werden im Jahr neu behandelt, 6 davon über den Bund mitfinanziert, 4 über Bezirke und Kanton. Normteile kommen nur bei Fenstern, Türen und Toren vor. Via Subvention wird auf einheimische Arbeit gedrängt. Scheunenarchitekten sind meist weniger tüchtig als die Zimmerleute. Das Landwirtschaftliche Bauamt (LBA), ein spezialisiertes Architekturbüro, macht sehr grosse, auffallende Scheunen. Ein Wettbewerb wurde vor langer Zeit gemacht. Er hatte keine Folgen – und ist als Regel finanziell auch nicht durchführbar.

Scheunenumbauten: Nur ca. 1/4 der Fälle sind Scheunenumbauten. Vielfach sind die alten Scheunen verbraucht. 200jährige Gebäude, noch auf das Schindeldach ausgerichtet, sind der neuen Ziegellast nicht gewachsen. Zudem waren diese alten Ställe ab Boden aus Holz, während die neuen seit 1930 im Erdgeschoss gemauert sind. Dies sieht im Landschaftsbild sehr anders aus. Tierbestand und Hausvolumen veränderten auch die Abmessungen. Ein Kran wird nicht mehr verlangt. – Somit wird die Kulturlandschaft langsam aber sicher verändert (Silos, Materialwahl, grosse Scheunen, zusätzliche Remisen, Garagen u.s.w.).

Eine *Umnutzung* ausserhalb der Bauzone unterliegt Art. 24 Abs. 2 RPG und Art. 65 der kantonalen Verordnung. Wohnraumerweiterung ist im Gadenanbau, d.h. im bestehenden Volumen, beschränkt und unter Bedingungen möglich: Grundbucheintrag erforderlich; wenn die Bruttogeschossfläche des Wohnhauses unter 145 m^2 liegt, darf bis 180 m^2 ausgebaut werden, wenn das Haus mehr als 180 m^2 hat, können 25% des Wohnraumes ausgebaut werden; in jedem Falle unter der Bedingung, dass die Identität des Baues gewährleistet bleibt. Der Rest des Stalles darf nicht genutzt werden, ausser zum Einstellen etc. Ein freistehender Stall kann nicht umgenutzt werden. Auch ein Fitnesscenter ist ausserhalb der Bauzone nicht realisierbar. Scheunen im Streubaubereich werden heimlich umgebaut zu Ferienhäuschen. Der Kanton schreibt – trotz der Vorschrift des Bundes nach dem Entscheid des Bundesgerichts zu Höhronen – die Bauprojekte ausserhalb der Bauzone nicht gesondert aus, wie er dies eigentlich tun müsste.

Gontenmoos (Bez. Gonten)

Die Formgebung bei Umnutzung geschieht oft durch zähes Verhandeln. Das Beispiel eines alten «Heidenhauses» wird angeführt, wo der Stall für Garagen nicht geeignet ist, da die Blockwand durchschnitten werden müsste. Der Bauherr verzichtete nun auf diesen zerstörerischen Ausbau und wird im alten, niedrigen Stall ev. Kleintiere einstellen.

Wintersingen

Itingen

Basel-Land, 2.3.1987 (revidiert am 28.4.1987)

Anwesend:
Denkmalpflege (Dr. H. R. Heyer)
Raumplanung (W. Madörin, auch für Landschaftsschutz)
Rechtsabteilung der Bau- und Landwirtschaftsdirektion (Dr. G. Braun, Schulte)
Meliorationsamt (W. Lutz)
Schweizer Heimatschutz (Sibylle Heusser, Beate Schnitter)

1. Landwirtschaftliche Betriebe im Landwirtschaftsgebiet
a) Existenzfähige Betriebe
Die bestehenden landwirtschaftlichen Bauten sollen in erster Linie erhalten bleiben. Im Kanton Basel-Landschaft werden selten Normbauten erstellt, wenn Neubauten betrieblich notwendig sind. Private Architekten werden mehrheitlich zugezogen mit dem Ziel, das bisherige Erscheinungsbild zu erhalten.

b) Aufgegebene Landwirtschaftsbetriebe
In erster Linie wird das Land existenzfähigen Betrieben zugeschlagen. Die bestehenden Bauten können auch Nicht-Landwirten als Wohnung dienen und gegebenenfalls ausnahmsweise umgebaut werden, wobei die Bausubstanz erhalten bleiben soll und das Erscheinungsbild nicht verändert werden darf.

2. Landwirtschaftliche Betriebe im Baugebiet
a) Existenzfähige Betriebe
Sie unterliegen den Vorschriften der kommunalen Nutzungsplanung und können, was z.Z. abgeklärt wird, unter Umständen einer Bauernhofzone zugeteilt werden.

b) Aufgegebene Landwirtschaftsbetriebe
Die Gebäude können im Rahmen der Nutzungsplanung auch von Nicht-Landwirten genutzt und umgebaut werden, wobei die Zonenvorschriften der Gemeinde einzuhalten sind und das Amt für Naturschutz und Denkmalpflege gestützt auf die Verordnung betreffend den Natur- und Heimatschutz für die Erhaltung des Ortsbildes sorgt (z.B. durch Inventarisation von Bauten mit besonderem Eigenwert und von Bauten, die für das Ortsbild einen besonderen Situationswert aufweisen).
Gefahr für die bestehende Bausubstanz besteht dann, wenn im Rahmen der Idee einer verdichteten Bauweise versucht werden sollte, den letzten Kubikmeter baulich zu Wohnzwecken zu nutzen, weil dann gegebenenfalls Anbauten zur Einstellung von Automobilen, Holzlager etc. notwendig werden. Bei der Beurteilung von Umbaugesuchen im Ortskern hat die Erhaltung der Ortsbilder gegenüber der Einhaltung allgemeiner Baupolizeivorschriften erste Priorität.

Höllstein

Titterten

1+2 = Konzept Bau- und Landwirtschaftsdirektion des Kantons Basel-Landschaft.

3. Die *Übernutzung* ist weniger ein Problem bei Höfen, die direkt vom Bauern an nichtbäuerliche Käufer gehen, als bei solchen, die schon lange der landwirtschaftlichen Nutzung entzogen sind und z.B. einer Erbengemeinschaft gehören (Einbau möglichst vieler Wohnungen).

4. Der Druck auf diese Bauten rührt aus einem falschen Verständnis des Begriffs *«verdichtetes Bauen»*. Nicht jeder m³ muss ausgenützt werden. Circulus viciosus: Wenn Bauten so übernutzt werden, müssen nachträglich Schöpfe und Garagen angebaut werden, um dort Holz, Geräte, Velos etc. unterzubringen, und die Vorgärten zu Parkplätzen umfunktioniert werden.

5. Eine Nutzungsbeschränkung ist im Rahmen der Zonenvorschriften möglich, z.B. Einschränkung des Dachausbaus: nur eingeschossiger Dachausbau oder keine Dachaufbauten (Muttenz) oder keine Verglasung der Giebel.

6. Beim Verdichtungsprozess durch Umbau der Ökonomieteile wird die *Wertsteigerung* der Liegenschaft unterschätzt. Ursprüngliche Bewohner werden aus ihrer angestammten Umgebung vertrieben.

7. Für die Umzonung in die Bauernhofzone gibt es erst wenige Beispiele (Aristorf abgeschlossen, Biel-Benken). Dies kann nur geschehen, wenn eine fundierte Studie über die ganze Gemeinde erstellt wird, in der z.B. auch die Nachfolgesicherung der bestehenden Betriebe abgeklärt wird. Die Gefahr ist auch dann noch die Unterteilung des Siedlungsgebietes in zwei Kategorien: Bauern «auf ewig», Bauern «auf Zeit».

8. *Kleine Ökonomiegebäude* sind meist schon umgenutzt: wenn freistehend als Garagen, wenn angebaut (sehr häufig) werden sie zur Wohnung geschlagen.

9. Ein Problem *ausserhalb der Bauzone* sind die sogenannten «Heuschüürli». Wenn sie wertvoll sind, sind sie museal zu unterhalten, sonst lässt man sie zerfallen oder reisst sie ab.

10. Das im Entwurf vorliegende *Bundesgesetz über bäuerliches Bodenrecht (BBG)* bildet eine Gefahr für die Erneuerung der Höfe. Da nach diesem Gesetz der Preis eines Hofes den dreifachen Ertragswert nicht übersteigen darf, kommen beim Erwerb Bauern zum Zug, die keine Mittel für die Renovation der Bauten zur Verfügung haben. Dies ist besonders gravierend, weil auch das Anrecht auf Meliorationsbeiträge wegfällt. Die Bauern investieren sowieso meist nur in den Betrieb (Maschinen), zudem sind Neubauten populärer.

11. Bei *Betriebsaufgabe* wird das Land abparzelliert und die dazugehörenden bewirtschafteten Bereiche zum landwirtschaftlichen Verkehrswert an die umliegenden Bauern verkauft. Die umgenutzte Hofparzelle bleibt in der Landwirtschaftszone.

12. Folgerungen aus dem *biologischen Landbau* für den Erhalt alter Scheunen können noch nicht gezogen werden. Die Kontingentierung hat bisher eher negative Effekte gebracht, weil der Bauer durch Intensivierung dennoch versucht, sein Einkommen aufzubessern (Pflügen von Trockenwiesen etc.). Der flächenmässigen Ausdehnung der Betriebe steht die Landwirtschaftsgesetzgebung entgegen, die vorschreibt, dass möglichst jeder Betrieb erhalten bleiben soll.

13. Die Landwirtschaftzone kann mit *einer Schutzzone* überlagert werden. Auch die historischen Höfe liegen in einer solchen mit einer Schutzzone überlagerten Landwirtschaftszone (vorgesehen).

14. Eine Gefahr für die Erhaltung bildet auch das *neue Pachtgesetz*, welches die Kündigung der Pacht erschwert (von 3 auf 6 Jahre). Diese neue Einschränkung macht die Durchführung von Unterschutzstellungen schwieriger (Reizschwelle für staatliche Eingriffe ist erreicht).

Ziefen

15. *Unter Schutz gestellt* werden auch Scheunen und Ökonomiegebäude sowie Wohnteile, die ausschliesslich einen *grossen Stellenwert im Ortsbild* haben.

16. Da das ganze *Baubewilligungsverfahren* zentral geprüft wird, kann der Denkmalpfleger oder die kantonale NHK Beiträge für Umbauten sprechen, Korrekturen an Plänen verlangen. An die positive Beantwortung der Subventionsgesuche sind Auflagen für den Umbau geknüpft, und es wird ein Unterschutzstellungsformular beigelegt (zur Auszahlung der Subvention obligatorisch). Zwangsunterschutzstellungen gibt es kaum, da in solchen Fällen der Besitzer zum Verkauf der Liegenschaft animiert wird. Als Folge hiervon gibt es auch kaum Verlotterungserscheinungen.

17. An die Subventionssprechung des Meliorationsamtes werden Ästhetikanforderungen geknüpft. Wenn nicht subventioniert wird, kann keine Gestaltungsanforderung gestellt werden.

Gadmen

Ballmoos

Bern, 23.4.1987 (revidiert am 9.2.1989)

Anwesend:
Raumplanungsamt (Mühlemann, Arbeitsgruppe 24; Rupp, Projektleiter Siedlung)
Meliorationsamt (Käser)
Stelle für Bauern- und Dorfkultur (Dr. Flückiger)
Schweizer Heimatschutz (Monica Aczél, Beate Schnitter)

1. Das *Meliorationsamt* braucht alte Gebäude und erhält sie, wo immer dies möglich ist. Bei mehr als der Hälfte der subventionierten Bauten handelt es sich nicht um Neubauten, sondern um Ganz- oder Teilerneuerungen des Ökonomieteiles. Grössere Viehbestände erfordern breitere und/oder längere Gebäude. Dies wird erreicht, indem das bestehende Gebäude um 1–2 Binderfelder oder durch eine «Anhenke» erweitert wird (Pultdachanbau, Dachverlängerung traufseitig, Querfirst- und Hallenstallanbau etc.).
Auch moderne Aufstallungsformen wie Boxenlaufställe oder der Einbau von Heubelüftungen und Greiferanlagen lassen sich in den meisten Fällen auf diese Art lösen. Grundsätzlich gilt für Neu- und Umbauten, dass die inneren Abläufe funktionell richtig geplant werden. Äusserlich sind dann die Baukörper der Umgebung, dem Gelände und dem Landesteil entsprechend anzupassen.
Neusiedlungen dürfen auch eine neue Formensprache erhalten. Alle wesentlichen Veränderungen landwirtschaftlicher Bausubstanz werden von der Stelle für Bauern- und Dorfkultur begutachtet. Auflagen werden berücksichtigt und bei finanziellen Konsequenzen auch zusätzlich subventioniert.

2. *Gang des Bauern bei Um- oder Neubau*: Betriebsberatung (Erarbeitung der Projektgrundlage), dann Meliorationsamt, dann erst zur Stelle für Bauern- und Dorfkultur. Im Oberland bis Region Thun ist der Stall getrennt vom Wohnhaus (Ausnahme: 19. Jh. Frutigertal: Stall und Wohnhaus firsthalbiert im selben Gebäude). Da die Ställe sehr klein sind und fäulnisanfällig, werden sie oft zu Abbruchobjekten.

3. Das *Inventar der Bauernhäuser* ist noch nicht komplett; Fribourg ist auch für Bern ein Vorbild. Das Inventar wäre für die Bewilligungsarbeit nötig, weil viele Kontrollgänge vermieden werden könnten. Inventare können den Besitzerstolz von Privaten und Gemeindebehörden sensibilisieren. Angefangene Inventare sind in Karteikarten aufgenommen, aber noch nicht in einem Buch veröffentlicht; schon diese Karten sind sehr dienlich.

Sorvilier

Gals

4. *Höfe* werden aufgegeben wegen wirtschaftlicher Bedingungen. Die mangelnde Anpassungsfähigkeit der Altbauten ist kein Grund für die Aufgabe der Höfe. Es besteht weit eher ein Manko an Landwirtschaftsland als an -gebäuden. Im Jura gibt es häufig Wechsel wegen zu harter Bedingungen. Ein Abparzellierungsverbot besteht aufgrund des Gesetzes über das landwirtschaftliche Bodenrecht vom 5. 12. 1986. Danach ist es verboten, betriebsnotwendige Bauten (Wohnbauten und Ökonomiegebäude) von der Hofliegenschaft zu trennen. Zuständig für die Erteilung von Ausnahmebewilligungen ist der Regierungsstatthalter des Amtsbezirkes. Ein Ersatzbau für ein abgetrenntes und veräussertes Objekt wird in der Regel nicht bewilligt.

5. *Ausserhalb der Bauzone* ist das Bauen Art. 24 RPG unterstellt. Bei nicht mehr bewirtschafteten Höfen versucht die Denkmalpflege, die *Einheit zu erhalten*. Wenn als charakteristisches Merkmal Wohnhaus und Stall unter einem Dach sind, müssen beide erhalten werden. Heute besteht die Tendenz, Höfe «bis unter den letzten Ziegel» auszubauen. Beim traditionellen Walmdach entstehen Probleme mit der Belichtung. Heute wird versucht im Ökonomieteil schonend ein Erdgeschoss und 1. Obergeschoss auszubauen, wodurch allerdings der Bodenpreis steigt und die Liegenschaft für einen Bauern nicht mehr erwerbbar ist. Die kantonale Landwirtschaftsdirektion muss jedoch jedem Ausnahmegesuch aus landwirtschaftlicher Sicht zustimmen. Für die Denkmalpflege ist die Identitätswahrung erfüllt.

6. *Subventioniert* werden auch *Dächer* via Landwirtschaftsdirektion, SEVA-Lotteriegelder sowie von der Raumplanung. Dachreparatur wird als positivster Beitrag seitens der Stelle für Bauern- und Dorfkultur erachtet.

7. Jährlich erhält das *Meliorationsamt* ca. 180 Gesuche. Die Hälfte wird zusammen mit dem Eidg. Meliorationsamt unterstützt und die andere Hälfte nur mit Kantonsbeiträgen. Eine Vielzahl landwirtschaftlicher Bauten wird mit zinslosen Darlehen oder ohne öffentliche Mittel erstellt. Auf diese Bauten hat das Meliorationsamt keinen Einfluss.

8. *Ästhetikartikel:* Dieser allgemeine Routineartikel hängt von der Interpretation der Politiker und der Ausführenden ab. In Art. 1 Abs. 5 der Bodenverbesserungs-Verordnung wird auf die Raumplanung verwiesen. (In Art. 6 do. wird nur die wirtschaftlichste Lösung gefordert – Anmerkung b.s.)

9. *Innerhalb der Bauzone:* Die Siedlungsentwicklung verlief in den 1950/60er Jahren zentrumsbezogen (Biel, Bern, Thun) und auf einzelnen Achsen (Bern – Solothurn, Bern – Thun etc.). Jene Gebiete waren schon 1930 melioriert, wurden zu Konfliktzonen zwischen Landwirtschaft und Industrie/Gewerbe. Mit der verbesserten Mobilität (lies Auto) zeigen praktisch alle Gemeinden des Kantons Bevölkerungswachstum. In Agglomerationsgebieten vermehrt sich der Druck auf die Dorfkerne. Bauzonen werden zudem eingeschränkt, was die Kerne zusätzlich belastet. Der Verdrängungsprozess der Bauern aus den Dorfkernen schreitet voran: Wohnbauten werden abgerissen und durch Neubauten (Gewerbe/Läden) ersetzt, im Baumgartenring um die Dörfer entstehen Einkaufszentren und Einfamilienhaus-Zonen. Die Bauordnung erlaubt meist eine grössere Ausnützung, als sie die bestehende Substanz aufweist (Höfe im Kanton Bern sind grosszügig bemessen, sowohl in ihrem Ausmass wie in der Bemessung des Umlandes). Heute ist eine Ausnützungsziffer 1.0 durchaus möglich, während bereits 0.6–0.7 einen angemessenen Ausbau erlaubte. Damit bleibt höchstens die Hülle des alten Hauses, was aber gegenüber den fünfziger Jahren, wo in Dorfkernen bis 5 Geschosse gebaut werden konnten, als Verbesserung empfunden wird. Die *Bauernhofzone* scheint der einzige Ausweg zu sein, auch steuerlich, da dann nach Ertragswert, nicht Verkehrswert besteuert wird. Die Besiedlungsstruktur (grosse Höfe und grosser Umschwung) ist geeignet für eine Einzonung in Bauernhofzone. Ein Schutzperimeter für Höfe (auch nur 1 bis 3 Stück) überlagert von der Bauernhofzone könnte einen guten Schutz gestatten. Aber

Treiten

der Besitzer wünscht viel eher den kurzfristigen, «ökonomischen» Voll-Ausbau. (Bei Bauern findet die Bauernhofzone neuerdings einen gewissen Anklang. Nachtrag 1989.)

Ein freier Verkauf der Höfe ist manchmal auch durch Planungsfehler verursacht. Die Höfe ersticken nämlich oft hinter Einfamilienhaus-Zonen. Nach Umnutzung und Verdichtung stimmt die ursprüngliche lockere *Dorfstruktur* auch nicht mehr, weder baulich-räumlich noch *sozial*!

10. *In der Stadt Bern* wird in der Zone E (Erhaltung) die *Nutzung aus dem Bestand errechnet,* mit dem Schutzperimeter eine Musterbauordnung erprobt. Dazu müssen auch klare Formulierungen (Definition der Gebäudestellung, der Firste, etc.), Zeichnungen, starke Forderungen wie «gute Integration» aufgestellt werden. Gericht und Juristen verstehen nur diese Sprache (nicht «schön» etc.).

La Vounaise

Semsales, Les Pliannes

Freiburg, 6.2.1987 (revidiert am 16.3.1989)

Anwesend:
Raumplanung (René Bersier, Hubert Gumy)
Raumplanung, Juristischer Dienst (Chantal Dupré)
Denkmalpflege (Etienne Chatton)
Bauernhausforschung (Jean-Pierre Anderegg)
Meliorationsamt, Beratung architektonische Gestaltung (Rappo)
Landwirtschaftsschule (Paul Bourqui, Präsident Bauernhausinventar)
Schweizer Heimatschutz (Eric Kempf, Beate Schnitter)

Ausserhalb der Bauzone
Art. 58.3 Baugesetz Kanton Freiburg erlaubt für Sennhütten gewisse Umbauten und Verbesserungen. Art. 58.2 regelt für die übrigen Ökonomiebauten gewisse Nutzungsänderungen.
Die Tendenz überwiegt, Scheunen zu respektieren und zu erhalten.
Das Inventar der Alphütten für den Kanton Freiburg wird nun angegangen, ein Novum für die Schweiz. Die «Alpweiden» setzen schon bei 800 m an, so dass Ausfütterungsställe oder Heugaden wenig verbreitet sind.

Innerhalb der Bauzone
Hier kann man zonenkonform bauen, auch umbauen und umnutzen. In der Dorfzone gibt es keine Einschränkung. Ein kantonales Natur- und Heimatschutzgesetz ist erst in Bearbeitung. Kantonale Kontrollbehörde (Empfehlung an Gemeinde) limitiert den Scheunenausbau via Verbot für Dachausbauten. Der hohe Stellenwert eines Objektes im Ortsgefüge spricht so sehr für seine Erhaltung, dass ein Umbau in Kauf genommen wird, um das Volumen zu erhalten.
Die Problematik ist erkannt, der «Fall Givisiez» wird nicht mehr vorkommen. Neue interne Anweisungen: Im Erdgeschoss bestehende Öffnungen beibehalten, im Obergeschoss die Holzverbretterung mit Glasbrettern versehen statt mit Fenstern; wenn eine Laube vorhanden ist, dahinter befenstern; Scheunentorverglasung ist nur erlaubt, wenn man sie rückgängig machen kann; keine Dachgauben und nur 1 Dachgeschoss, mit Befensterung auf der Giebelseite, wo sich der Architekt «ausdrücken» (s'articuler) kann.
Leider bestehen nur wenige gute Beispiele von Umbauten. Die Denkmalpflege führt Vorberatungen durch: ca. 20/Woche. Trotzdem viele Kämpfe...
Das *Inventar der Bauernhäuser* ist abgeschlossen. Es wurden 10 000 Gebäude erfasst, 6000 davon sind in den Zonenplänen der Gemeinden eingetragen.
Stallerweiterungen sind oft nötig, weil es mehr Tiere/Stall gibt als früher. In der Glâne ist dies räumlich möglich, in der Broye und im Greyerzerland nicht, da die Dörfer viel zu dicht sind. Die Beamten sind stolz auf ihre neuen

Wünnewil, Bagenwil

Cerniat, Les Cours

Ställe, die in letzter Zeit mit grossem architektonischem Einsatz sehr gut gestaltet wurden. Ca. 30 Scheunen/ Ställe sind sehr gut ausgefallen.
Aussiedlungen kommen praktisch nur bei Landneuzuteilung im Zusammenhang mit dem Bau der Autobahn vor (ca. 10 im ganzen Kanton)!
Die Anliegen der Bauern sind der kantonalen Verwaltung noch wichtiger als die ästhetisch-kulturelle Rücksichtnahme.
Solange *Sennhütten* im halböffentlichen Besitz (Genossenschaften etc.) sind, ist auch deren Umnutzung zu touristischen Unterkünften etc. mit bescheidenen Verbesserungen und vor allem mit Unterhaltsarbeiten tragbar. Die Bewohnerzahl der alten Sennhütten war immer sehr bescheiden. Wenn diese Hütten privatisiert werden, hat dies meist katastrophale Folgen: Zweitwohnungen werden auch ohne Bewilligung eingerichtet, der Bau entstellt. Ausnahmebewilligungen (Art. 58.3 des Baugesetzes), die den Bau als frühere Sennhütte nicht mehr erkennen lassen, werden nach einer schlechten Erfahrung nicht mehr erteilt.

Im *Bewilligungsverfahren* gehen alle Baugesuche an das «Office de construction» des Kantons zur Begutachtung. Baugesuche ausserhalb der Bauzone werden der Raumplanung zur Prüfung weitergeleitet. Rekurs gegen den Entscheid der Beamten ist nur bis zum Verwaltungsgericht möglich, falls die Politiker anders entscheiden, als die Beamten es empfehlen, und somit nicht bis Bundesgericht. Für Inventarobjekte geht das Gesuch noch an die Denkmalpflege (Art. 195.2 Baugesetz und Ausführungsbestimmung zum RPG Art. 12ff für Gesuche ausserhalb der Bauzone).
Anteil der Landwirte in der Bevölkerung: 1950: 55%, 1986: 11%, das heisst, in dieser Zeit gingen ca. 7000 Betriebe ein. 2/3 sind Hauptlandwirte, die den Hauptertrag erbringen, 1/3 sind Kleinbauern. 140 gehen pro Jahr ein. Vor 1980 gingen vor allem die Kleinbauernbetriebe ein, jetzt erlebt man eine Trendumkehr; die Kleinen halten sich stabil. In der Folge sind es die grossen Höfe, die verschwinden.
Sanierungsbedürftige Höfe: Für die neue Betriebsweise müssen noch 2500 Höfe umgebaut werden, was sicher zu Zielkonflikten führen wird zwischen Notwendigkeit und denkmalpflegerischen Anliegen.
Die Umstrukturierung wird erwartet und sie wird jetzt dann sehr schnell einsetzen, denn Freiburg ist noch nicht «durchmelioriert» wie z.B. der Kanton Zürich. Siedlungsdruck besteht auch nicht, da viele Höfe ohnehin im Streusiedlungsgebiet liegen.
Eine private Gesellschaft (Société Fribourgeoise d'Economie Alpestre) inspiziert jedes Jahr die Alphütten (1420 Gebäude, eingeteilt in 18 Zonen) bezüglich der Qualität des Trinkwassers, Grases, der Käsefabrikation, des Waldes, des Zustands von Stall und Wohnteil, der Zugangswege etc.

Damit der *kulturelle Wert* der Höfe bei der bevorstehenden Melioration nicht verloren geht, hat der Kanton Freiburg über die Gesellschaft für Volkskunde Basel ein Inventar der schutzwürdigen Bauten bereits erstellt (Jean-Pierre Anderegg. Die Bauernhäuser des Kantons Freiburg/La maison paysanne fribourgeoise. 2 Bde. Basel 1979/1987). Jede Gemeinde bekam schon Band 1 sowie eine Kopie des sie betreffenden Inventars, welches beim Bewilligungsverfahren auch im Kanton beigezogen wird. Das Original liegt bei der Denkmalpflege im Büro Anderegg.
Das Inventar kostete 1 Mio. Fr., wurde zur Hälfte vom Kanton (davon 1/3 aus Budget Raumplanung) bezahlt, der Nationalfonds übernahm die andere Hälfte. Die Publikation bezahlten der Kanton und die Gesellschaft für Volkskunde. Nun wird Band III folgen: *Inventar der Alphütten*. Die museale Erhaltung einiger Exemplare wird auch ins Auge gefasst, aber nicht für den Ballenberg sondern am Ort. Die anderen Objekte müssen entsprechend in der Veränderung begleitet werden: das Inventar muss auch lebendig («dynamique») bleiben.

Das *Inventar* wurde von Anfang an mit der *Raumplanung koordiniert;* die erste Lese (die wertvollsten Objekte) ist sofort in die Gemeindeplanungen eingebracht worden. Dies ist eine schweizerische Einmaligkeit (12'000 Bauten erfasst, 6000 Bauten in ständig bewohntem Gebiet,

Vuissens

dazu kommen jetzt die Alphütten). 3000 Exemplare von Band 1 wurden zum Subskriptionspreis an die Gemeinden und die Bevölkerung offeriert. Damit ist das Inventar gut im Volk verankert. Verschiedene Bauten werden als Nachlese bei Revisionen der Zonenpläne noch eingebracht: Das Inventar ist schliesslich nicht abschliessend.
Bauten innerhalb der Bauzone: Vorabklärung durch die Raumplanung, dann Gemeindebauordnung. Die Baubewilligung wird von der Préfecture erteilt (nicht von der Gemeinde). Architekten befolgen den ordentlichen Weg, vereinzelte Zimmerleute scheinen diesen Weg nach einem alten Bewilligungssystem zu umgehen, was noch zu Unstimmigkeiten führt. Die Denkmalpflege muss ca. 2x/Monat zur Préfecture für Verhandlungen.

Satigny

Bourdigny-dessus

Genf, 13.3.1987 (revidiert am 23.3.1989)

Anwesend:
Denkmalpflege (Pierre Baertschi)
Raumplanung (Jean-Daniel Favre)
Meliorationsamt (René Delacuisine)
Département des Travaux Publics, Rechtsabteilung (Didier Mottiez)
Schweizer Heimatschutz (Eric Kempf, Beate Schnitter)

Der Kanton Genf ist zu ca. 50% Baugebiet, zu ca. 50% Landwirtschaftszone. Beide Teile sind zum Teil mit Schutzzonen überlagert. Im Vergleich zu den Gesamtflächen sind die Schutzzonen klein. Die Schutzzonen der Landwirtschaftszone werden grösstenteils vom Landwirtschaftsdepartement verwaltet.
Ein *Inventar der Höfe* existiert. Die guten Höfe sind mit «intéressant» bezeichnet, wobei diese Bezeichnung juristisch ohne Bedeutung ist, anders als bei einer inventarmässigen Einstufung. (1989: Das Architekturinventar von Genf ist im Begriff gedruckt und damit bei der Bevölkerung verbreitet zu werden.)

Ausserhalb der Bauzone: Eine neue Verwendung der nicht mehr landwirtschaftlich genutzten Bauten als Lager ist meistens sehr schwierig. Für Wohnzwecke dürfen Scheunenteile nicht ausgebaut werden. Der Wohnteil wird nur sanft renoviert. Es wird *keine Wohnverdichtung in der Landwirtschaftszone* gewünscht. Nebenerscheinungen der Wohnverdichtung in der Landwirtschaftszone werden als sehr nachteilig striktestens abgelehnt: Sozialaspekt, Verkehr, Aussenanlagen etc.

Genf hat schon 1910 pionierhaft in der Ebene («dans la pleine») extensiv Ackerbau betrieben (ohne Viehhaltung). In jeder Gemeinde wird auch Weinbau betrieben. Diese diversifizierte Bewirtschaftungsweise bestimmt die Höfe: es sind verschiedenartige Bauten und Bautypen, die den verschiedenen Bewirtschaftungsarten dienen. Zum Beispiel wanderten Berner Bauern ein, hielten Tiere, hatten Heulager und wohnten unter einem einzigen Dach mit den Tieren, nach Berner Art. Der Waadtländer Haustyp aus Hausteinen kam im Kanton Genf 1800 bis 1850 auf. Ausserhalb der Dörfer trifft man auf die typischen Genfer Bauten: grosse Höfe mit Wohnhaus im Stil eines Herrenhauses, Hofanlagen mit grossen Scheunen und Nebenbauten. Alle haben grosse, sogar enorme Volumen vom Getreidebau her, die heute leerstehen. Als Garage für die neuen Maschinen sind sie ungeeignet, weil die vorhandenen, typischen Tore zu klein sind (mit Holzsturz: ältere Konstruktion, mit Steinbogen: jüngere).

Dardagny

Meinier

Wenn das Hausvolumen grösser ist als der Scheunenteil, kann dieser in der ursprünglichen Form erhalten werden, besonders, wenn es sich um ein Weinbauernhaus handelt, wo für Geräte etc. ein gewisses «Schopfvolumen» begrüsst wird.

Wenn das Hausvolumen kleiner ist als das Scheunenvolumen, ist die Scheune praktisch untergenutzt. Meist handelt es sich um Bauten, die während der letzten 30 Jahre nicht mehr unterhalten wurden und deren Dachreparatur allein um 150 000.– Fr. kosten kann.

Wenn bei einem Hof in der Bauzone der Scheunenteil nicht den neuen Anforderungen angepasst werden kann, wird – ohne 30 Sekunden nachzudenken («sans trente secondes de reflexion») – in der Landwirtschaftszone ein Metallhangar aufgestellt. Bei der Standortbestimmung wird – in Zusammenarbeit mit der NHK – auf eine Einpassung in die Landschaft geachtet. Das Wohnhaus wird weiter vom Bauern bewohnt, die Scheune zu Wohnzwecken umgebaut, respektive als Bauland verkauft. Die negativen Einflüsse nehmen zu, dagegen ist nichts zu tun («Vous allez de mal en pire» – Antwort: «Ça ne peut plus devenir pire!»). Aussiedeln ist aus soziologischen Gründen verpönt.

In den 60er Jahren gingen die kleinen Höfe ein (5 bis 10 ha) sowie ganz grosse Landgüter, welche den alten Familien gehörten, zum Teil unter der Steuerlast, zum Teil in Erbgängen zerstückelt, lösten sie sich auf. Stadtnähe und Landpreissteigerung beschleunigten diesen Zerfall. Viele wurden eingezont und überbaut.

In den Zonenplänen wurden die Dörfer zu pauschal eingezont (1 : 25 000), so dass keine Parzellenschärfe entstehen konnte (Strich verläuft quer durch Häuser und Parzellen). Man vertröstete sich auf eine später zu erfolgende, genauere Zonierung, die bis heute noch aussteht und gegen die ein erheblicher Widerstand besteht wegen der Gebiete, die ausgezont werden müssten. Die Baulandreserven sind zu knapp im Vergleich zur Grösse der Genfer Agglomeration und dem ungeheuren Besiedlungsdruck aus der Stadt. Hieraus entsteht auch ein Druck auf den Scheunenteil der Höfe. Die Villenzone ist sehr gross mit einer Ausnützungsziffer 0.2, die gelegentlich auf 0.3 erhöht wird. Die nächst dichtere Zone hat bereits eine Ausnützungsziffer 0.5 bis 0.6. Das «verdichtete Wohnen» ist noch wenig verbreitet, scheint aber in jüngster Zeit an Beliebtheit zu gewinnen. Hingegen wird die Villenzone von den Grundeigentümern mit Einsprachen gegen Verdichtungserscheinungen härtestens verteidigt.

Weiler in der Landwirtschaftszone (40 Stück) stehen unter Einzonungsdruck. Die Hälfte davon wird nicht mehr landwirtschaftlich genutzt. Auch hier zögert die Raumplanung mit Einzonen, da die Aussenanlagen sehr stören können (Tennis, Schwimmbäder, unpassende Vegetation etc.) und es schwierig ist, einen Perimeter zu definieren. Eine Infrastruktur fehlt vorläufig, was als Grund für die Verhinderung der Einzonung genannt wird.

Die Möglichkeit einer Einzonung wird folgendermassen erwogen: differenzierter Nutzungsplan für jeden Weiler, der die heutige Nutzung jedes Baues berücksichtigt. Dieses Vorgehen könnte die Schaffung neuer Bauzonen einschränken.

Die bäuerliche Zukunft wird wegen der Überproduktion als sehr problemgeladen beurteilt. Die Bauten sind mit der Entwicklung verknüpft, das heisst von ihr abhängig. Die Landwirtschaftszone muss absolut erhalten bleiben, weil sie im Vergleich zum ganzen Kantonsgebiet bereits sehr klein ist.

Der Genfer Regierungsrat entscheidet über alle Zonenpläne, nicht die Gemeindeversammlung. Das Département des travaux publics (Denkmalpflege ist hier angesiedelt) erteilt die Baubewilligung. Baugesuche werden hier geprüft. Gemeinden wie auch die Stadt Genf werden im Vernehmlassungsverfahren angehört. Eine Beeinflussung der Qualität über Subventionen ist nicht möglich. Die Denkmalpflege kann etwas subventionieren helfen (aus kantonalem Fonds), aber das Budget für alle Belange beträgt pro Jahr 2 Mio...

Es gibt Scheunen, die unter Schutz stehen.

Netstal, Unterer Bühl

Matt, Weissenberge

Glarus, 3.3.1987 (revidiert am 27.1.1989)

Anwesend:
Meliorationsamt (Dr. Bachmann)
Amt für Raumplanung und Denkmalpflege (R. Jenny)
Amt für Natur-, Heimat- und Landschaftsschutz (Marti)
Schweizer Heimatschutz (Monica Aczél,
Beate Schnitter)

Bewilligungsverfahren: Alle Baugesuche in- und ausserhalb der Bauzone gehen an den Kanton. Diejenigen ausserhalb der Bauzone gehen an das Meliorationsamt zur Prüfung landwirtschaftlicher Aspekte und an das Amt für Natur-, Heimat- und Landschaftsschutz zur Landschaftsverträglichkeitsprüfung. 1989: Neu heisst das Amt Umweltschutzamt und hat eine erweiterte Prüfungsbefugnis.

Innerhalb der Bauzonen sind keine Neubauten oder wesentlichen Erweiterungen, jedoch Umbauten und Sanierungen landwirtschaftlicher Betriebe zulässig. Es werden keine Subventionen an Stallbauten innerhalb der Bauzone entrichtet. Nur wenige Gesuchsteller mussten aber deshalb auf eine Subvention verzichten, denn via raumplanerische Massnahmen, d.h. durch Umzonung in die Landwirtschaftszone, kann meist doch subventioniert werden. Bis jetzt gab es keine Härtefälle. Betriebe im Ortsgebiet sind selten, da der Stall nicht mit dem Wohnhaus verbunden ist. Innerhalb des Ortsgebietes gab es Ziegenställe, z.T. freistehend, z.T. sogar zusammengefasst zu eigenen Gruppen (Geissenstadt von Engi). In den vergangenen 80 Jahren verschwanden die Ziegen. Sie hatten den Arbeitern und Kleinbauern gehört.

Am Rande der Dörfer, *ausserhalb der Bauzone*, sind die Kuhställe. Seit 1977 wurde keine Aussiedlung mehr getätigt.

Aussiedlungen in der Glarner Linthebene kennt man auch erst seit deren Entwässerung. Im Berggebiet gibt es eine grössere Zahl von entlegenen Einzelhofsiedlungen (Näfelsberge, Ennetberge, Weissenberge, Auen-Linthal u.a.).

Alte Ställe: Die alten Ställe, die durch einen zentralen Neubau ersetzt werden, dienen, sofern sie sich in gutem Zustand befinden, meistens weiterhin als Weidställe, z.T. werden sie in Remisen umgebaut. Stallneubauten werden in der Regel für den gesamten Viehbestand erstellt; wenn sich der Altbau noch in baulich gutem und zweckmässigem Zustand sowie in günstiger Lage befindet, wird er zuweilen noch als Jungviehstall genutzt. Alte Ziegenställe haben als Bestandteil des Land-

Braunwald, Alp Bräch

Elm

schafts- und Ortsbildes nur vereinzelt noch Bedeutung. Beim grössten Teil der in Erscheinung tretenden Altbauten handelt es sich um Rindviehställe.
Heustadel für Wildheu (ausserhalb Bauzone): Das Wildheu wird im Sommer dort eingelagert, im Winter aus der hochgelegenen Türe herausgeholt und auf Schlitten ins Tal gebracht, ca. zweimal pro Winter. Im Dorf wird das Heu im Gaden über den Ziegen eingelagert bis zum Füttern. Der Heustadel ist ein reines Lagergebäude, eine Ergänzung zum Ziegenstall im Dorf. Heute ist er ohne Zweck, weil es keine Ziegen mehr gibt. Das Futter von den Heualpen wird nun ohne Zwischenlagerung direkt zu den Rindviehställen im Tal transportiert.
Der *Heuausfütterungsstall* liegt so nahe beim Dorf, dass das Vieh zu gewissen Zeiten im Winter dort gefüttert werden kann, ohne dass der Bauer dort wohnen muss. Die Wanderbewegung ist abhängig von den Lawinenzügen. Der Heuausfütterungsstall ist noch immer in Funktion. Maiensässe gibt es keine.
Alte Rindviehställe und Heustadel unterliegen einem starken Umbaudruck für *Ferienhäuser*. Negative Auswirkungen: Erhöhter Verkehrswert belastet die bäuerliche Existenz; Zersiedelung; Durchlöcherung RPG; Erschwerung bei Güterzusammenlegung, wenn ein ehemaliges Ökonomiegebäude losgelöst vom Hof und ursprünglichen Zweck im Bewirtschaftungsgebiet liegt. Laut RPG liegt aber beim Kanton ein Ermessensspielraum für Umnutzungen. Die Erhaltung von Ziegenställen und Heustadeln ist u.U. ein Anliegen für die Erhaltung der Kulturlandschaft in bestimmten Lagen. Der Abbruch der Ziegenstadt Engi wird heute als Kulturverlust bedauert. Die grösseren neuen Ställe und der Bau zahlreicher Strassen werden als bedauerliche Veränderung (Zerstörung des noch feinen Massstabes) der Kulturlandschaft z.T. kritisiert. Andererseits wird der Wandel der Kulturlandschaft als Folge der sich wandelnden Bewirtschaftungsform anerkannt. Zu viel Schutz von Bauten jeder Generation führt zu einer Ueberlastung der Kulturlandschaft und zur Frage, ob nicht gezielt nur sehr typische Bauten in ursprünglicher Nutzung erhalten werden sollten und der Rest eingehen kann.

Einzelinteressen sollen dem Gesamtinteresse hintenangestellt werden (Meinung Meliorationsamt).

Ein *Inventar* wäre schwierig zu erstellen, da alle diese Bauten ärmlich und geflickt sind – auch mit fremden Materialien – und deshalb einen geringen Eigenwert und eine kurze Lebensdauer besitzen. Wenn sie ungenutzt sind, entstehen noch dazu schleichende Veränderungen, die nicht vom Baurecht aufgefangen werden können; auch falsche Pflanzung etc.
Ohne Nutzung, ohne Unterhalt gibt es keine Erhaltung. Daher sollten bei guten Einzelobjekten Subventionen auch für den Unterhalt bezahlt werden, was heute nicht möglich ist. Damit könnte auch die landwirtschaftliche Weiternutzung sichergestellt werden. Es darf damit aber nicht eine Überproduktion angeheizt werden (zu viele Ställe = zuviel Vieh etc.).

Im Kanton Glarus ist die Hälfte des Landwirtschaftslandes in Pacht. Ställe werden nicht zweckentfremdet, solange sie im Besitz der Bauern sind, hingegen wohl, wenn sie in den Besitz von Erbengemeinschaften und Nichtbauern gelangen.

Alpgebiet: Alphütten werden noch in der ursprünglichen Nutzung gebraucht. In vereinzelten Fällen können Nutzungsprobleme von Altbauten auftreten. Eine Umnutzung für Touristikzwecke ist nur in wenigen Fällen bekannt.

Löbbia   *Sils-Maria*

Graubünden, 8.8.1986

Anwesend:
Denkmalpflege (Dr. Rutishauser)
Planungsstelle (Dr. Büchi)
Landschaftsschutz (Ragaz)
Meliorationsamt (Kreienbühl)
Schweizer Heimatschutz (Monica Aczél, Beate Schnitter)

1. *Ausserhalb Bauzone:* Die Regelung durch das Bundesrecht ist klar. Gefährdet sind auch landwirtschaftliche Wohnteile; «Wohnen» bleibt nämlich nicht «Wohnen», wenn ein Haus für Ferienzwecke «umgenutzt» wird. Das Problem der Maiensässe ist ungelöst.
Innerhalb Bauzone: Die Gemeinde kann aufgrund des kantonalen Baugesetzes bestimmen, daher ist der Spielraum grösser.

2. Die *Industrialisierung der Landwirtschaft* wird in Frage gestellt. Ein Wandel in der Auffassung gegenüber noch vor 5 Jahren ist erkennbar. Der Einklang Bewirtschaftung – Wirtschaftlichkeit – Schönheit ist zerstört. Es müssen Wirtschaftsformen gefunden werden, die in Einklang mit Landschaft und Umwelt stehen.

3. Die *Viehwirtschaft* hat sich viel stärker entwickelt. Zentrallagerung und Mechanisierung erübrigen aussenstehende Nebenbauten. Die ganzjährige Einstellung in einen Hauptstall ergibt neue Futtertransportprobleme. Die Berggebiete können nicht aus der Gras-/Milchwirtschaft aussteigen, daher sollte das Mittelland zugunsten dieser Gebiete vermehrt Ackerbau betreiben.

4. Symposium des Bundes Schweizer Planer (BSP) von 1975 zu diesem Thema: Inventarisieren – Bewerten – Auswählen.

5. Die Unterschutzstellung einzelner Stallbauten aufgrund von *Inventaren* wird abgelehnt, weil dann der Kontext fehlt. Besser wäre es, möglichst ungestörte Landschaftsteile auszuscheiden und ganzheitlich zu erhalten. Dieses Vorgehen bedingt eine Güterzusammenlegung unter neuen Gesichtspunkten.

6. Es wird *weniger ausgesiedelt.* Die Tendenz geht dahin, die Familien im Dorf zusammenzuhalten (Romanen wünschen dies noch mehr als Walser, die an Aussenhöfe gewöhnt sind). Hingegen werden grössere Ställe an den Dorfrand ausgesiedelt. Auch Stallsanierungen im Ort werden vorangetrieben.

Avers

Almens

7. Auslöser leerer Ställe ist oft der Erbantritt. *Im Baugebiet* gelangen die Scheunen oft zum Verkauf an Ausländer; sie werden total ausgebaut oder abgebrochen und in Hofstattrecht ein neues Haus erstellt. Der Vollzug liegt in der Kompetenz der Gemeinde. Sie könnte sorgfältig mit den Scheunen umgehen. Ueber einen generellen Gestaltungsplan wäre sogar die Erhaltung der inneren Struktur möglich, wenn die Gemeinde dies wollte!
Ausserhalb des Baugebietes verhindert das Gewässerschutzgesetz eine Nutzungsänderung, daher ist der Abbruch die rechtliche Konsequenz.

8. Im Somvix hat es «zu viele» *Weidscheunen*. Aus der Sicht des Landschaftschutzes ist das Mähen der Wiesen wichtig. Der Unterhalt der Wiesen macht die Kulturlandschaft aus, nicht die vielen Weidscheunen und Ställe (durch Güterzusammenlegung kann ein Bauer bis zu 13 Gebäude antreten, daher «zu viele»).

9. Die Sanierung bestehender Ställe ist noch unbeliebt. Es entstehen nachbarrechtliche Probleme, z.B. Einsprachen gegen eine Scheunenvergrösserung. Bei Subventionierung wird wohl darauf geachtet, wie der Altbau weiterverwendet werden kann, aber im Baugesetz fehlen noch die Voraussetzungen für eine Sanierung.

10. *Beispiele*
Sent: Die Aussiedlung wurde für 12 von 70 Landwirten nötig, da für die grossen Ställe im Dorf kein Platz ist. Die Subvention rechnet mit 25 Kühen pro Betrieb. Dies hätte bedingt, dass ein Bauer in 4 Altställen arbeiten muss. Der Engadinerstall eignet sich zwar zum Ausbau für Wohnzweck, weil er gemauert ist – allerdings ist ein «Doppelwohnhaus» für das Ortsbild nicht typisch. Er lässt sich aber nicht durch Anbauten erweitern.
Filisur, Ardez: Die nach Süden orientierten Ställe eignen sich für einen Ausbau, wie einige Beispiele zeigen.
Misox / Calanca (Monti): Die Steinbauten sind theoretisch einfacher umzubauen. Der Gemeinde werden von der Raumplanung kleine Hausgruppen als Erhaltungszonen (ab 5 Gebäuden, unter sich max. 50 m voneinander entfernt) und zur Umnutzung vorgeschlagen.

Schutzkriterium ist eher die Landschaft mit ihrer speziellen Besiedlungsart, als die architektonische Qualität. Bedingung: ohne Wasser! Gefürchtet sind Folgeerscheinungen wie Sonnenkollektoren, Fahnenstange, Telefonleitung, Strasse, Parkplatz etc. In der Streuung der Objekte über die Landschaft wäre ein solches Bild kaum vorstellbar.

11. Der *Ausfütterungsstall* wird sukzessive verlorengehen. Heute wird er noch als Remise für Maschinen, als Jagdhütte etc. verwendet, aber der Unterhalt der Dächer ist zu teuer für diesen Verwendungszweck.
Im Avers hat Gemeindeschreiber Stoffel mit Subventionen seinen Stall renoviert und lässt ihn ohne neue Nutzung weiter stehen.

12. *Perlen unter den Ökonomiebauten* werden denkmalpflegerisch unterhalten:
– Klosterställe Müstair, damit die ökonomische Kontinuität seit den Römern gewahrt bleibt: nach dem Brand Auskernung, Modernisierung (Hetzerbinder im Dachstock), hohe Subvention.
– Haldenstein: im Umgebungsschutzgebiet hinter dem Schloss wird ein Stall mit maximalen Meliorationszuschüssen in der alten Funktion erhalten.
– «Weisser Torkel» Chur wurde mit dem Trottbaum erhalten und als Weinbaumuseum und Begegnungsstätte eingerichtet.
– Backhäuser: ca. 15 Stück wieder in Funktion, allerdings kaum mehr als 1 Exemplar pro Dorf, während früher mehrere vorhanden waren (Waltensburg, Salouf, Luven, Lenz sogar 2).
– Sägen: werden z.T. wieder aktiviert.
– Waschhäuser: sind relativ selten.
– Kastanienhäuser: in der Spezialbauzone zwischen Castasegna und Soglio können zu Ferienhäusern umgenutzt werden (Beispiel R. Obrist). Einige bleiben auch in ursprünglicher Funktion erhalten.
Subventionen von Denkmalpflege und Landwirtschaft in Kumulation: bis 55%.

Bergün, Latsch

13. Die *Subventionspraxis* ist in der Bodenverbesserungsverordnung geregelt.

14. *Verordnung zum Bauen ausserhalb der Bauzone:*
Bei Maiensässen ist eine Vergrösserung der Wohnfläche bis 50 m² resp. 1/4 der Bruttogeschossfläche, bei alten Ferienhäusern bis max. 75 m² gestattet.

Muriaux

Miécourt

Jura, 20.3.1987 (revidiert am 23.3.1989)

Anwesend:
Denkmalpflege (Hauser)
Rechtsdienst Baudirektion (Baumann)
Raumplanung (Honegger)
Schweizer Heimatschutz (Sibylle Heusser,
Beate Schnitter)
Nachträglicher Besuch bei Jeanne Bueche, Präsidentin der Association pour la Sauvegarde du Patrimoine rural jurassien (ASPRUJ)

1. Grundsätzlich kommen im Jura 2 Hauptformen von Bauernhäusern vor:
In der Hochebene (Haut Jura) der Typ mit breitem Giebel nach Süden, in den Dörfern der Täler (Ajoie, Tal von Delémont) eher der traufständige Typ.
Ergänzung J. Bueche: Turmartige, gemauerte Häuser in Fahy haben im Estrich eine Kornkammer. Die «Dörfer» in der Hochebene sind an Wegen weitverstreute Siedlungen mit grossen Entfernungen von Haus zu Haus, während sie in der Ajoie in Haufen, rund angelegt sind. Die Häuser der Hochebene (Franches montagnes) eignen sich besser für die Einrichtung neuer Agrarbetriebe (grösserer Grundriss) als die Ställe im Tal.
Weil der Nordjura im Dreissigjährigen Krieg im Winter besetzt war und jahrelang geplündert wurde, sind die ältesten Höfe von ca. 1660, während es im Südjura noch einige vom Ende des 16. Jahrhunderts gibt, zum Beispiel diejenigen mit Walmdach (à 4 pans).

2. Dass Höfe heute leer stehen, respektive nicht mehr bäuerlich genutzt werden, ist teils mit der Mechanisierung der Landwirtschaft und dem Fehlen der früheren Viehaufzucht zu erklären, teils mit der allgemeinen Entvölkerung. Der Jura ist abgelegen und nimmt deshalb eine Aussenseitersituation ein. Auch die Städte verlieren an Bevölkerung.

3. Der Kanton Jura hat noch 11% Bauern. Die Höfe sind sehr gross, bis 100 ha.

4. In den Hochebenen gibt es Weiden (pâturages) für Pferde und Pferdeaufzucht. Diese gehören meist den Gemeinden; es sind magere Böden. Die guten Böden (finages) werden mit Korn, Gras, Gemüse bebaut; sie sind privat. Die Ajoie war im Mittelalter eine bedeutende Kornkammer. Die Speicher sind in einiger Distanz zum Hauptbau angeordnet, damit bei einem Brand des Hofes wenigstens das Korn verschont blieb – und die Sonntagskleider, die man dort aufbewahrte (Auskunft J. Bueche). Diese Speicher sind Holzblockbauten mit Schwalbenschwanzverband an den Ecken, oft mit einer Eingangsstufe. Heute sind sie ungenutzt oder

Montignez *Muriaux, Les Emibois*

nicht mehr in ihrer ursprünglichen Funktion genutzt, sondern als Gerätehäuschen.

5. *Die Entvölkerung ist zum Teil das Resultat der bisherigen eidgenössischen Landwirtschaftspolitik,* welche Konzentration fordert. *Nicht rentierende Betriebe bekommen Subventionen, damit sie schliessen...* Dabei gibt es eine ähnliche Situation wie in den Alpen bezüglich der Bauern als «Landschaftsgärtner». Die wenig rentablen Böden müssten vor Vergandung und nachfolgender Erosion durch Pflege (Landwirte) bewahrt werden. Dies ist bei den Gemeinden als Besitzer vieler dieser Böden schwierig durchzusetzen, da es ein ökonomisches Problem ist. Die Hochebenen wurden schon im 13./14. Jahrhundert bewirtschaftet, allerdings später als die im Tal gelegenen Böden. Der Einzelhof der Hochebene ist dort die ursprüngliche Besiedlungsform (Ergänzung J. Bueche: Zum Haupthaus mit Wohnung, Stall und Scheune unter einem Dach gehörten die Zisterne und der Speicher, kein spektakulärer Bau, eher ein Schopf, in dem Wertvollstes aufbewahrt wurde. Auch hier war der Speicher ein separater Bau, aus Angst vor einem Brand in dem mit Feuerstelle versehenen Haupthaus. Diese Bauten sind beinahe alle verschwunden, da es sich nur um Holzbretterbuden handelte (bâtiments miteux), die aber sehr charakteristisch waren). Die Umwandlung der Höfe in Ferienhäuser verändert das Aussehen der Landschaft. Die Bauern wollen das Landschaftsbild nicht mehr unterhalten. Man müsste den Bund dazu animieren *Subventionen auch für landwirtschaftlich unrentable Flächen* zu entrichten.
Für den Unterhalt der Biotope werden nämlich Bauern vom Naturschutz bezahlt. Aber die gewöhnlichen Trokkenwiesen (pâturages arrides avec une végétation toute particulière) werden nicht durch Flächenbeiträge subventioniert. Die Politiker sehen dies noch nicht ein. Es müsste erkannt werden, dass auch diese Flächen einen Existenzwert haben, sogar «une valeur économique» im demografischen Gesamtzusammenhang, der nicht von der Quantität, sondern von der Qualität her gesehen erheblich ist (Baumann).

6. Weitere Bauten ausserhalb der Bauzone, die keine Existenzberechtigung mehr haben, sind die *Weidscheunen* (auch «loges» genannt). In der Ajoie gehören sie zum Landschaftsbild, sie fallen aber zusammen und sind Baumaterial-Fundgruben für Ziegel, Bretter, Steine. Sie könnten aber wieder in die Feldbewirtschaftung eingegliedert und genutzt werden, denn die Bauern brauchen für die Viehbetreuung (melken, nachsehen) Geräte, die sie heute auf einem Wagen mit Traktor im Sommer täglich hinausfahren und neben diese «loges» stellen!! Allerdings sind die Herden heute grösser, so dass eine «loge» nicht genug Platz zum Übernachten und für die Ausfütterung böte. Der Unterhalt der Weidscheunen kann auch nicht subventioniert werden.
Das neue Bau- und Raumplanungsgesetz ist seit 5. 6. 1987 in Anwendung (ca. 40 S. Bezugsquelle: Amt für Raumplanung, Delémont).

7. IREC arbeitete in 2 Gemeinden (Chevenez und Genevez). Sie empfahlen, eine Stiftung zu gründen, die Bauberatung betreibt, Höfe kauft, umbaut und weiterverkauft, Geldmittel für Randzonen sammelt und dann einsetzt. Diese Idee wird vom Kanton mit Finanzkreisen besprochen (April 1987: Wiederaufnahme der Gespräche vorgesehen).
Chevenez hat 150 Höfe, davon stehen 12 leer, 41 sind von Alten bewohnt, 14 weitere haben keine Zukunft. Dabei ist dieses Dorf ein regionales Zentrum (commune de relais). Asuel und andere perifer gelegene Gemeinden haben noch mehr leerstehende Höfe. (Ergänzung J. Bueche: Sie weiss hiervon nichts. ASPRUJ mache immer Bauberatung für Bauernhöfe.)

8. *Die Raumplanung möchte einen Fonds haben für Umbau und Unterhalt der gewöhnlichen Höfe, die nicht aus dem Denkmalpflege-Budget bezahlt werden können* (z.B. für Ziegelstatt Eternitdächer etc.).

9. *Bewilligungsverfahren:* Die Gemeinde kann einen «petit permis» (Bausumme: bis Fr. 50 000.–) geben. Grössere Vorhaben gehen zur Begutachtung an den Kanton. Städte (Delémont und Porrentruy) behandeln ihre Ge-

Lajoux

Le Peuchapatte

suche allein. Ausnahmebewilligungen (z.B. Art. 24 RPG) gehen an die kantonale NHK zur Konsultation. Das kantonale Bauamt ist die Begutachtungsstelle beim Kanton. Das Amt kann die Meinung der Denkmalpflege oder der kantonalen NHK einholen. (J. Bueche kritisiert diese Vorgehensweise als allzu zufällig. Sie wünscht strenge Methodik.) Die Denkmalpflege informiert sich über die publizierten Ausschreibungen und reagiert bei Bedarf.

10. *Im Baugebiet:* Die Zonenordnung wird von den Gemeinden aufgestellt und von der Raumplanung begutachtet (examen préalable et rédaction des plans). Hierzu wird das ISOS beigezogen, um Kernzonen abzugrenzen. Die entsprechenden Bauordnungsparagraphen schützen die Struktur (tissu bâti) und einzelne Bauten durch spezielle Artikel. (Kommentar J. Bueche: In der Praxis oft ganz anders!) Kommissionen *können* angerufen werden. Die Zonenordnungen sind zur Zeit in Bearbeitung (z.B. Courfaivre regelt mit Art. 45 den Kern als «zône sensible»). Es gibt auch Schutzzonen (zône de protection). In 20 Gemeinden ist die Planung abgeschlossen.

11. Bei *Abbruchgesuchen* in Kerngebieten wird die Denkmalpflege zur Begutachtung beigezogen oder auch die Raumplanung. *Auskernungen* (dénoyetage) werden nicht verhindert.

12. Im Nutzungsplan wird versucht, den Ausbau zu beschränken, da man sich schon bewusst ist, dass Übernutzung zur Durchlöcherung geschlossener Fassaden führt.

13. Im neuen Raumplanungs- und Baugesetz wird die Landwirtschaftszone mit einer *allgemeinen Schutzzone* überlagert.

14. Der Heimatschutz ist einspracheberechtigt. Der Einfluss dieser Kreise ist erwünscht, aber er muss konstruktiv sein. Schon beim Aufstellen der Zonenpläne sollen sie in den Gemeinden mitmachen, das heisst schon früh!

15. In der Staatsverfassung des Kantons Jura ist in 2 Artikeln (42 und 45) die Kulturförderung und -erhaltung als Staatsaufgabe postuliert (einzige solche Deklaration in der ganzen Schweiz).

16. Die Architekten sind für das Umbauen schlecht ausgebildet.

Sulz

Schüpfheim

Luzern, 16.1.1987 (revidiert am 18.5.1989)

Anwesend:
Denkmalpflege (Niederberger)
Raumplanung (Deville)
Meliorationsamt (Naef, Studhalter)
Zentralstelle Wohnungsbau im Berggebiet (Blättler)
Natur- und Heimatschutzstelle (Baur)
Rechtsberatung Raumplanung (Bossert)
Schweizer Heimatschutz (Frau Zulauf, Beate Schnitter)

Zur Rechtsfrage:
Es sind klare Schranken durch RPG sowie dessen Vollzugsverordnung gesetzt. Ausserhalb der Bauzone sind keine zonenfremden neuen Bauten noch eine grundlegende Zweckänderung gestattet, selbst wenn dies vom Kulturellen her wünschbar wäre. Z.T. werden zur Erhaltung von Scheunen Richtlinien erarbeitet, z.B. zu Fragen der Nutzung oder von Sonderzonen. Vorläufig bestehen keine Schutzzonen.
Bei exponierten landwirtschaftlichen Neubauten können, gestützt auf § 110 Baugesetz Luzern, Verbesserungen erreicht werden. In erster Linie wird die landschaftliche Verträglichkeit des Neubaus geprüft.
Ein kantonales *Natur- und Heimatschutzgesetz* ist ebenfalls in Bearbeitung, da die alte Verordnung zu wenig greift. Die Einflussnahme der Natur- und Heimatschutzstelle beschränkte sich bei der Beurteilung von landwirtschaftlichen Neubauten meist auf die landschaftliche Einordnung (Beispiel: Mitbericht an den Bund, bei Projekten innerhalb von BLN-Objekten unerlässlich für die Erteilung von Bundesbeiträgen). Mehrkosten, die sich aus Verbesserungsauflagen ergeben, sind auch schon durch einen Staatsbeitrag übernommen worden. Der Ortsbildschutz muss ganz neu geregelt und eventuell bei der Denkmalpflege und dem Kulturgüterschutz verankert werden. Eine Weilerzone wird dann als Bauzone/Schutzzone möglich. Die Einsprachelegitimation für den Heimatschutz würde darin geregelt und die Verwaltung für die Wahrnehmung dieser Belange sowie für die Pflege «typischer Luzerner Bauten» gestärkt.*

Das bestehende *Baugesetz* ist im Zonenbeschrieb nicht abschliessend. Die Landwirtschaftszone schränkt aber als Grundzone Nutzungsänderungen ein (keine Landwirtschaftzone I und II wie in Schaffhausen). Ausserhalb

---

* Neues Gesetz über Natur- und Landschaftsschutz geht im Sommer 1989 in grossrätliche Kommission zur Beratung. Heimatschutz muss bei Raumplanung (Ortsbild und qualitativer Landschaftsschutz) sowie bei Denkmalpflege (Einzelobjekt) neu geregelt werden.

Hasle, Alp Chätterech

der Bauzone ist für Scheunen nur eine landwirtschaftliche Nutzung zugelassen. Eine Umnutzung wird strikte abgelehnt, um den Handelsdruck von den Scheunen zu nehmen. Landwirtschaftszone und Landschaftsschutzzone sind noch nicht kombiniert. Eine Zonenüberlagerung wäre an sich möglich. Vorläufig existieren eigenständige Vorschriften für jede Zone.

Zu Fragen der Melioration:
Der Kanton Luzern kennt Bauerndörfer nur in den Nordtälern, sonst sind Streusiedlungen üblich (Napf, Pilatus, Entlebuch). Das Meliorationsamt kann nur eingreifen, wenn Subventionen gewährt werden. Pro Jahr werden neben vielen Scheunen, die ohne Einflussnahme des Meliorationsamtes gebaut werden, etwa 30 mit Subventionen um- oder neugebaut.
Beim *heutigen Rechtsstand* bieten neben kantonalen Vorschriften vor allem die Meliorationsvorschriften des Bundes Gewähr für die Berücksichtigung des Naturschutzes auch bei landwirtschaftlichen Hochbauten. Wesentlich sind Art. 79 des Eidgenössischen Landwirtschaftsgesetzes sowie Art. 1 Abs. 5 der Eidgenössischen Bodenverbesserungsverordnung. Diese Bestimmungen gelten allgemein. Eine noch weitergehende Berücksichtigung der Belange des Naturschutzes erfolgt in Gebieten, die Bestandteil eines BLN-Objektes oder durch eine kantonale Verordnung geschützt sind*.
In Berggebieten wird viel *im alten Stil saniert*, d.h. eine neue Scheune an das alte Wohnhaus angebaut.
Weidscheunen: Wo das Meliorationsamt die Sanierungen von Betrieben mit Beiträgen unterstützt, werden in Weidscheunen keine Tiere mehr überwintert und wird darin kein Futter mehr gelagert. Eine Unterstützung bestehender Weidscheunen für nicht landwirtschaftliche Zwecke dürfte heute kaum mehr möglich sein. Z.B. im Entlebuch, wo Weidscheunen nicht weit vom Wohnhaus liegen, werden sie in unmeliorierten Betrieben noch als Ausfütterungsställe genutzt.
Durch Ersatz gehen schleichend auch viele Wohnhäuser verloren. Nach RPG bestehen keine Vorschriften zu Form und architektonischer Gestaltung des Neubaus, nur zu gleichbleibendem Volumen.

Veränderungen in der Landwirtschaft zwangen zur Aussiedlung. Die neuen Ställe gleichen Industriebauten. Heute werden allgemein, auch vom kantonalen Meliorationsamt, aus ästhetischen Gründen steilere Dächer angestrebt. Die funktionellen Anforderungen für Futtereinlagerung, Heubelüftung usw. engen den gestalterischen Spielraum aber stark ein. Die NHK wird in eine museale Ecke verdrängt und darf restaurieren (schlechte Beispiele: Geiss, Kirchbühl b/Sempach, Seewagen, Buttisholz; alle ohne kantonales Meliorationsamt. Gutes Beispiel: Scheune St. Urban). Ein Wettbewerb für einen guten Standardstall ist wegen der unterschiedlichen topographischen Voraussetzungen nicht sinnvoll.
Das Meliorationsamt strebt einen *Umbau des Altbaus* an, wenn die vorhandene Substanz dafür geeignet erscheint und eine wirtschaftliche Lösung ermöglicht, z.B. wenn der Dachraum genügend Platz bietet. Neu gebaut wird dort, wo die Scheune nicht im Verband mit dem Wohnhaus steht, meist ein zu grosser, hässlicher Bau. Auch technische Vorgaben sollten in Hinsicht auf ihre baulich-ästhetischen Auswirkungen vermehrt überdacht werden (z.B. diktieren Heubelüftungsanlagen heute noch eine zu flache Dachneigung). Architekt Studhalter regt eine Fachgruppe zur Planung von besseren, in die Landschaft passenden Neubauten an. Bezüglich Kulturguterhaltung:
– Sanierung wäre die beste Lösung,
– Ersatzbau neben dem Altbau wäre die zweitbeste Lösung,
– Neubau mit Abbruch ist aber der häufigste Fall, da die Scheunen nicht umnutzbar sind. Manchmal ist eine Neuverwendung als Schweinestall möglich, wird aber selten praktiziert.
Scheunen sind Privatbesitz und haben keine Funktion mehr. Der frühere Stolz des Bauern auf einen schönen Hof ist dem Wunsch nach einem möglichst funktionalen Betrieb gewichen. Die Planungskosten sind aber verschwindend klein im Vergleich zu den Baukosten, deshalb sollte daran nicht gespart werden. Die Bauern scheinen sich aber ihrer Verantwortung als Bauherren nicht bewusst zu sein.
Die Landwirtschaftsschulen haben keine Beziehung zur

Schongau, Rüedikon

Hohenrain, Fären

bäuerlichen Bautradition. Die Amtsstellen können mangels gesetzlicher Grundlagen gute Architektur nicht fordern, sondern nur Schlechtes zu verbessern suchen. Niederberger: Wenn für Ökonomiegebäude nicht in ihrer ursprünglichen Form eine vertretbare Nutzung gefunden werden kann, ist es besser sie abzureissen als durch einen unpassenden Umbau zu pervertieren. Bei dieser Strategie muss der Einsatz für die erhaltenswerten Scheunen enorm gross sein, damit nur ein paar bewahrt werden können.

Zur *Wesensart* der bäuerlichen Bevölkerung: Im Gegensatz zu den Romanen haben die Alemannen keinen grossen Wert auf eine Dorfgemeinschaft gelegt. Dieser bemerkenswerte Unterschied in der Mentalität zweier Volksgruppen hat sich einerseits in der bäuerlichen Dorfsiedlung und andererseits in der bekannten alemannischen Streusiedlung – mit Hofhund – niedergeschlagen.

Das *Baubewilligungverfahren* ist kompliziert und verlangt Gänge zu verschiedenen Ämtern:
– Meliorationsamt: erste Gespräche.
– Landwirtschaftliche Kreditkasse: Diese empfiehlt einen Neubau und gibt einen Architekten an.
– Gemeindebauamt: Einreichung des halbwegs fixierten Projektes.
– Raumplanungsamt: Prüfung der Qualität, ca. 300 Gesuche jährlich.
– Denkmalpflege: bei Wohnhäusern wird das Register konsultiert.
– Natur- und Heimatschutzstelle: Überprüfung ob der Bau in einer Schutzzone liegt.

Der Kantonale Richtplan ist im Genehmigungsverfahren. Es wird keine Kulturgüterschutzstelle geschaffen, hingegen erhält das Raumplanungsamt mehr Kompetenz (Federführung) für eine verbesserte Koordination: es wird eine Meinung resultieren. Eigentümer und Gemeinde bleiben weiterhin eigene Meinungsträger.*

Die vielen Ämter, die zur Sache Stellung nehmen, sind verschiedenen Departementen unterstellt:
– Raumplanung beim Baudepartement
– Denkmalpflege beim Erziehungsdepartement
– Natur- und Heimatschutzstelle bei der Justiz
– Landwirtschaftsamt beim Volkswirtschaftsdepartement.

Die Natur- und Heimatschutzstelle überprüft nur die Landschaftsverträglichkeit von Neubauten (Standort im Konflikt mit Naturschutzgebieten etc.) und nicht die Möglichkeit der Erhaltung von Altbauten oder die ästhetische Verbesserung von Neubauprojekten.

Bei *Ausnahmebewilligungen* kann die Raumplanung auf die Gestaltung viel Einfluss nehmen. Das Raumplanungsamt kann dem Gemeinderat einen Antrag mit Verbesserungsvorschlägen stellen. Im Vollzug gegenüber der Gemeinde fehlt aber die gesetzliche Grundlage meistens (Ästhetikartikel fehlen in den Landwirtschaftszonen ganz).

Eine *Kulturraumplanung* gibt es noch nicht. Schutzzonen sollten bis Ende 1987 ausgeschieden sein, im Januar 1987 war erst eine Gemeinde verabschiedet. Die Raumplanung greift daher noch nicht in qualitativ verbesserndem Sinn ein.

Qualitätsplanungen folgen noch. Die Grundeigentümer fühlen sich strapaziert von zuviel Planerei, sie fühlen sich gegenüber den Zürchern zu kurz gekommen. Deshalb kann man an Industriezonen noch nicht «rütteln».

Die *Beratertätigkeit* muss gestärkt werden. Dierikon ist ein gutes Beispiel, denn es gelang dem Gemeinderat, die Bevölkerung für die Qualität von Ortsbild und Gemeindeentwicklung zu sensibilisieren.

Was im Volk nicht verankert ist, kann nicht reglementiert werden. Ohne offene Ohren nützt auch Erziehung nichts (Meinung Deville).

Das Denken ist aber auch nicht starr und kann plötzlich ändern. Allgemein werden heute höhere Ansprüche an die Ästhetik gestellt. Z.B. führt der vermehrte Einbau von Drehkranen mit dem dadurch bedingten höheren Firstraum neuerdings wieder zu steileren Dächern bzw. tieferliegenden Traufen und höherliegenden Firsten. Flacher geneigte Dächer sind allerdings nach wie vor kostengünstiger.

Die *Zentralstelle für Wohnungsbau im Berggebiet* unterstützt

Hohenrain, Günikon

50–55 Sanierungen/Jahr, wovon ca. 10% mit Neubauten. Es wünschten aber 55% einen Neubau. Das Bundesgesetz zur Wohnerhaltung spielt dabei eine Rolle sowie die eidgenössischen Subventionen. Bei Sanierungen wird eine 5–6 Zimmer-Wohnung und ein Altenteil angestrebt. Oft ist der Altenteil in der Remise, wenn das Haupthaus zu klein ist.
Die Finanzierung gestalterisch bedingter Mehrkosten ist mühsam.
Beispiel Ermensee: Nationales Ortsbild, Pilotplanung (innerhalb Baugebiet = Dorfzone) mit Bundeshilfe. Es wurde eine Güterzusammenlegung beschlossen. Von ca. 40 Scheunen gehören 22 aktiven Landwirten und werden noch voll genutzt. Rund 10 werden noch teilweise land- oder forstwirtschaftlich genutzt, z.B. zum Einlagern von Holz oder Einstellen eines Traktors. Die restlichen Scheunen sind leer. Eine davon wird jeweils von Landwirten des Seetals genutzt, die ihre eigenen Scheunen neu- oder umbauen. Man strebt ein Rahmeninstrumentarium an und in Ergänzung dazu die Institutionalisierung der Bauberatung. Zusätzlich zu Zonen- und Bauvorschriften gibt es im kommunalen Richtplan Nutzungsempfehlungen.
Das *bäuerliche Erbrecht* ist klar. Trotzdem gefährdet die Denkweise «jeder Tochter einen Bauplatz» die bäuerliche Existenz. Dank RPG ist die parzellenweise Einzonung in Bauland nicht mehr möglich.

Das Problem der *Erhaltung von Scheunen innerhalb der Bauzone* scheint noch ungelöst. Eine nutzungsanweisende «Ortsbild-Planung» ist nicht bekannt (wie z.B. in Küsnacht ZH, durch Keller und Landolt geplant).
Das ISOS wird immer konsultiert.

Valangin

Les Bayard

Neuenburg, 5.3.1987 (revidiert am 28.2.1989)

Anwesend:
Denkmalpflege (Emery)
Raumplanungsamt (Wyss)
Meliorationsamt (Soguel, construction rurale et amélioration des bâtiments)
Schweizer Heimatschutz (Beate Schnitter)

Ortsbildprobleme sind beim «Service des monuments et sites» sowie beim «Office de l'équipement agricole» untergebracht.
Die *Raumplanung* koordiniert alle Aspekte des Bauens. Alle Baugesuche ausserhalb des Baugebietes gehen zur Prüfung an die Raumplanung (sowie die «Seltenheiten»).
«Service de l'intendance des bâtiments» (beim Baudepartement angesiedelt) prüft *sämtliche Baueingaben* und leitet die folgenden Fälle an die Denkmalpflege weiter:
– unter Schutz stehende Bauten,
– nicht unter Schutz stehende Objekte, wenn sie dem Beamten heikel erscheinen,
– Bauten im Ortsschutzperimeter (Zône d'ancienne localité),
– Baugesuche, die bei der Raumplanung eintreffen und die M. Wyss von der Denkmalpflege bearbeitet haben will.
Meliorationsamt: Die Abteilung für Bodenverbesserung behandelt keine Baufragen.
Unter Schutz stehen bis heute Bauten (oder Teile!), die als «crème de la crème» bezeichnet werden (ca. 1000 Objekte). Unter diesen befinden sich *50 bäuerliche Objekte*. Sie sind nur fotografisch erfasst, zum Teil nur *Fassadenfotos*. Einige Einzelobjekte müssen noch unter Schutz gestellt werden, vor allem im Val de Ruz und Val de Travers, wo noch ganze Juradörfer unverändert landwirtschaftlich genutzt werden.

Baugesuche für landwirtschaftliche Betriebe (Projekte für Umbauten, gelegentlich mit Teilneubauten, und für Neubauten) gehen an das «Office de l'équipement». Die alten Höfe sind sehr gross, bis 70 ha mit Wald und Weide. M. Soguel kann auf *die Ästhetik Einfluss nehmen* und tut dies bewusst. Für den Umbau von Altbauten holt er bei der Denkmalpflege einen Vorentscheid als «premier filtre» ein. Gesetzlich ist dieses Vorgehen auf den allgemeinen Ästhetikartikel abgestützt, eigentlich ein Gummiparagraph, aber die drei Herren, die sich «triumvirat» nennen, tun dies aus Pflichtbewusstsein gegenüber der Heimat («on tient à notre patrimoine»). Ein Anbau löst oft das Problem der Weiterexistenz des

Cornaux

Vaumarcus

alten Hofes. Für ein Subventionsgesuch (Normalfall) müssen die Architekten im Neuenburger Register aufgeführt sein, und M. Soguel verlangt viel, vor allem von ihrer räumlichen Vorstellungskraft («qu'ils cherchent, cherchent»). Das Problem des Umbaus für die landwirtschaftliche Nutzung hat man deshalb einigermassen im Griff (vgl. auch weiter unten).

Nicht mehr genutzte Höfe beunruhigen die Denkmalpflege weit mehr als die landwirtschaftlich genutzten, denn diese können total ausgebaut werden. Die NHK interveniert und sucht zu verhindern, dass neue Ruinen entstehen, auch dort, wo die Bauten «Städtern» gehören. Bestehende Ruinen werden wieder aufgebaut.

Weidscheunen («loges») dürfen nicht umgenutzt werden, denn sie dienten nie als Wohnung, das heisst, sie waren nie mit Herd und Kamin ausgestattet. Konsequenz: Der Abbruch wäre dem Zerfall vorzuziehen. Gewisse dieser Bauten tragen zum landschaftlichen Reiz bei (Kulturlandschaft). Zur Beurteilung, welche man erhalten soll – in öffentlichem Besitz und als Unterstand für Wanderer oder ähnlich genutzt –, müsste ein Inventar erstellt werden sowie ein für eine objektive Auslese geeignetes Bewertungssystem.

Gemäss eidgenössischem Recht ist das *Verkaufen einzelner Bauten* des Gehöfts verboten. Dies wird aber noch immer praktiziert, und so werden vor allem «Stöckli» als willkommene Geldquelle verkauft. Ein Ausbau von Ökonomiebauten, wie Schuppen, Remisen etc., wird nicht gestattet, und der Käufer ist damit geprellt, was häufig zu Schwierigkeiten führt.

Art. 70 des kantonalen Baugesetzes (Loi cantonale sur les constructions) ermöglicht eine bessere Gestaltung der landwirtschaftlichen Bauten. Ein guter Architekt lohnt sich für den Bauern, da dieser mit den Unternehmern die Preise aushandelt und der Bauer nicht überspielt werden kann.

Die Denkmalpflege ist gegen den Totalausbau der alten Höfe (Wohnteil und Stall/Heubühne sind im Jurahaus in einem Bau zusammengefasst). Durch Verhandeln sollte eine optimale Lösung erreicht werden: Der Ausbau soll so weit gehen, dass aus den Zinsen der Unterhalt des Daches bezahlt werden kann. Andere Meinung: Bei einer zurückhaltenden Lösung geht der Ausbau trotzdem weiter, schleichend und im Verborgenen. Besser wäre es deshalb, von Anfang an das Projekt zu kennen und hier die notwendigen Korrekturen anzubringen.

Im Baugebiet, das heisst in den Dörfern, besteht ein grosser Druck auf die Scheunen (Ausbau resp. Abbruch und Neubau). Je nach Eigenwert und Stellenwert wird von der Denkmalpflege reagiert. Im Gespräch versucht man Strukturelemente zu erhalten. Nach dem Muster des Kantons Waadt und mit dem ISOS erarbeitet die Denkmalpflege ein *Kurzinventar* der Ortskerne. Die Bauten erscheinen darin als:

1. «neutrale» Bauten, die in ein normales Baureglement passen,
2. «wertvolle» Bauten, die massgeschneidert behandelt werden müssen,
3. «Störbauten», die umbaut (aufgeschluckt) werden müssen, um sie zu neutralisieren.

In der Rebzone gibt es keine Ausnahmen. Rebhäuschen («câpite») sind nicht ausbaubar, sind auch keine Kulturobjekte (mit einer Ausnahme). Ökonomiebauten *im Ortskern* (Trotten, Keller etc.) werden immer noch traditionell genutzt.

In *verstädterten Ortskernen* wurden Scheunen schon im 19. Jahrhundert für die Uhrenindustrie umgebaut.

Subventionen werden auch für einen Umbau gewährt. Daher müsste man geschickterweise Reparaturen mit einem Umbau kombinieren, zum Beispiel gleich noch das Dach umdecken. Als Einzelmassnahme könnte dies nicht subventioniert werden. «Bern» ist nicht starr, aber man muss fordern. Es ist ein deutliches Umdenken in Richtung «Qualität» feststellbar. Die Kontingentierungen (Milch etc.) zeigen an, dass Bauten kaum mehr vergrössert werden in Zukunft. Demnach kann Vorhandenes auch ruhig besser gepflegt werden.

Die Denkmalpflege kann in Sonderfällen aus dem Natur- und Heimatschutz-Budget finanzieren helfen.

Die Anzahl der Umbauten stieg sehr an, ausgelöst durch

St-Blaise

die Gewässerschutzkampagne mit Sanierung der Stallabwasser. 1980–1984: 45 Baugesuche/Jahr; 1985: 85 Gesuche; 1986: 130 Gesuche; alle verbunden mit allgemeinen Sanierungen.

Eine Güterzusammenlegung hat leerstehende Bauten zur Folge, die niemand je wieder benutzen wird. Wenn Höfe in den *Ortskernen* durch Neubauten von ihrem Bewirtschaftungsland abgeschnitten werden, kann dies ein Grund zur Aufgabe des Hofes sein. Daher sollten Zonenpläne mehr Rücksicht auf die Lage der Höfe nehmen. Dies wäre eventuell über das Bodenerhaltungsgesetz durchzusetzen.

Bauerndörfer sollten als solche erhalten und nicht durch Fremdbenützer gestört werden (Lärm- und Geruchimmissionen führen zu Streit). Daher wird für die integrale Erhaltung ganzer noch bäuerlich geprägter Raumeinheiten (z.B. Val de Ruz) plädiert. Die Bauern hingegen wollen lieber verkaufen und verabschieden die Zonenpläne...

Ennetmoos

Morschfeld

Nidwalden, 8.4.1987 (revidiert am 17.4.1989)

Anwesend:
Raumplanung (Portmann)
Denkmalpflege (E. Müller)
Meliorationsamt (Fuchs)
Landschaftsschutz (Häfliger)
NHK Präsident (Rieser)
Schweizer Heimatschutz (Sibylle Heusser, Beate Schnitter)

1. Stallbauten kommen im Baugebiet nur ausnahmsweise vor. Sie spielen im Ortsbild keine Rolle, sind hingegen im «Hofbild» wichtige Bestandteile. Ökonomiegebäude in der Bauzone werden meist umgenutzt oder abgebrochen. Das Wohnhaus bleibt bestehen, hat jedoch keinen Bezug mehr zur Landwirtschaft und steht z.T. isoliert im Neubaugebiet.

2. *Die Umnutzung von Ökonomiegebäuden ausserhalb der Bauzone für gewerbliche Zwecke ist grundsätzlich untersagt.*

3. Die Gemeinden sind vollumfänglich mit aktuellen *Nutzungsplänen* ausgestattet.

4. Mit wenigen Ausnahmen steht in Nidwalden der Stall getrennt vom Wohnhaus. Der «alte Nidwaldnerstall» ist schmal (ca. 8–10m). Darin sind einzelne Stallräume abgetrennt. Gelegentlich haben die Ställe ein schmales Futtertenn. Damit ist die Versorgung des Viehs sehr arbeitsaufwendig (Futter muss von Hand eingetragen werden). Der Heuwalm ist deckenlastig angeordnet. Auf einem Hof sind vielfach mehrere Ställe vorhanden. Hier wird das Futter im Winter durch Verstellen des Viehs ausgefüttert. Wenn ein neuer Stall gebaut wird, soll möglichst alles Vieh darin Platz finden. Dadurch werden die Ställe grösser. Mit der Sanierung wird auch ein rationeller Arbeitsablauf angestrebt. Nidwaldner Betriebsgrössen erlauben keine fremden Arbeitskräfte.
Laufställe sind im Kanton Nidwalden eher selten, da die Viehbestände zu klein sind.

5. Im Rahmen der *Bauernhausforschung* wurden auch die Ökonomiegebäude des Hofes sowie die Alpgebäude aufgenommen. Das Inventar wurde durch E. Huwyler, Sarnen, erstellt, ist abgeschlossen und mehrheitlich greifbar. Die Arbeit wird in nächster Zeit publiziert. Die Inventarisierung wurde als notwendige Entscheidungsgrundlage vom Amt für Umweltschutz und Planung forciert.

6. Das *Inventar wird bei Baugesuchen beigezogen*. Es wird versucht, die Altbauten wenn möglich sinnvoll umzu-

Emmetten *Stansstaad, Obbürgen*

bauen. Um die Substanz der alten Ställe zu erhalten, braucht es vor allem die Zustimmung und Überzeugung der Bauern. Die Erhaltung eines alten Gebäudes hängt meist vom «goodwill» des Besitzers ab.

7. Wird an Stelle eines alten Stalles ein *Neubau* erstellt, so muss das alte Gebäude nicht zwingend abgebrochen werden. Allerdings muss die neue Nutzung, z.B. als Remise, Holzraum, innere Aufstockung usw., bewilligt werden. Alte Ställe, die nicht mehr genutzt werden können, werden abgebrochen.

8. Im *Bewilligungsverfahren* kommen alle Gesuche zur Gemeinde und, wenn ausserhalb der Bauzone oder im provisorischen Schutzgebiet, zur raumplanerischen Bewilligung an den Kanton. Im weiteren kommen die Gesuche teilweise über die Gemeinde oder über die Raumplanung (u.a. wenn im Inventar der Bauernhäuser enthalten) an die Kantonale Heimatschutzkommission (HSK). *Subventionsberechtigte* Projekte werden zudem vom Meliorationsamt bearbeitet. An der Entscheidungsfindung arbeiten die Ämter miteinander, da sie sich gut kennen, die Fälle kennen, die Landschaft im Kanton kennen, die Gemeindebehörden kennen.

9. In den letzten Jahren haben sich die Nidwaldner sehr eingehend mit Planungsfragen auseinandergesetzt. Auch der kantonale Richtplan löste tiefgreifende Diskussionen aus. Auch ausserhalb der Bauzone werden hohe Anforderungen an die Ästhetik von Neubauten gestellt. Besonders schutzwürdige Gebiete müssen im Zuge der Revision der Gemeindeplanungen als Landschaftsschutzgebiete bezeichnet und durch verschiedene Bestimmungen als solche geschützt werden. Die HSK wird bei den wichtigen Bauvorhaben im Rahmen des Bewilligungsverfahrens zur Stellungnahme eingeladen.

10. Muss ein Landwirt seine Gebäude erneuern oder durch einen Neubau ersetzen, so bedeutet das für ihn trotz finanzieller Hilfe durch die Öffentlichkeit eine grosse Belastung. Bauliche Massnahmen zur Verbesserung der Ästhetik (Klebdächer, Lauben, usw.) lassen sich aus Kostengründen meist nicht realisieren. Die Handwerker in Nidwalden sind aber noch recht traditionsbewusst. So werden wieder vermehrt Holztüren und Holzfenster, Holzverkleidungen, Schindeln usw. verwendet.

11. Die *alten Bauernhäuser* werden von der HSK und der Denkmalpflege begutachtet. Wenn ein Objekt erhaltenswert ist, beantragt die HSK beim Regierungsrat die Unterschutzstellung. Für Renovationen der betreffenden Wohnhäuser können alsdann Beiträge gesprochen werden. Der Regierungsrat ist sehr an der Erhaltung der schützenswerten Häuser interessiert.
Um das Generationenproblem zu lösen, muss oft in ein bestehendes Bauernhaus eine zweite Wohnung eingebaut werden. Heute besteht jedoch bei den Bauernfamilien vermehrt der Wunsch nach einem neuen, den Bedürfnissen der Landwirtschaft angemessenen Wohnhaus. Dem Wunsch nach neuzeitlichem Wohnen kann teilweise nur mit einem Anbau, einem zusätzlichen Neubau oder einem Ersatzbau entsprochen werden.
Bauten ausserhalb der Bauzone, die nicht der landwirtschaftlichen Nutzung dienen oder die standortbedingt sind, können gemäss Raumplanungsgesetz nicht oder nur in sehr geringem Ausmass erweitert werden.

12. *Güterzusammenlegungen* sind zusammen mit grossen Entwässerungen bereits in den 40er Jahren erfolgt (Anbauplan). Kleinere Zusammenlegungen erfolgten im Zusammenhang mit dem Bau der N2. Landwirtschaftliche Liegenschaften werden selten an Dritte verkauft. Vielmehr bleiben diese im Familienbesitz und werden von einem Sohn oder einer Tochter des Besitzers übernommen und weiter bewirtschaftet. In Nidwalden gibt es auch eine recht grosse Anzahl von Nebenerwerbslandwirten. *Alpmeliorationen* sind in den 60er Jahren erfolgt. Heute werden vor allem Verbesserungen an Gebäuden oder einfache Erschliessungen realisiert.

13. Die HSK beantragt die Unterschutzstellung, z.B. auch von Speichern (siehe auch Ziff. 11). Sie ist zudem beratende Kommission für den Regierungsrat.

Wolfenschiessen, Dörfli *Oberdorf, St. Heinrich*

14. Grundsätzlich wird das Raumprogramm für eine neue Scheune auf der eigenen Futterbasis erstellt. Pachtland, das langfristig gesichert ist (z.B. Korporationsland), wird wie eigenes Land betrachtet.
Die *Bodenbewirtschaftung* ist auch in Nidwalden im Umbruch. So wird heute versucht, durch gezielte Düngung umweltschonend zu produzieren. Die erforderliche Düngung wird mittels Bodenproben ermittelt.
Bodenunabhängige Zucht- und Mastbetriebe sind eher rückläufig, weil die Abnahme des anfallenden Hofdüngers nicht beigebracht werden kann.
Die kantonalen Betriebsberater, die zugleich Lehrer an der landwirtschaftlichen Berufsschule sind, unternehmen seit mehreren Jahren grosse Anstrengungen, um die Nidwaldner Bauern an Kursen und Tagungen mit den heutigen Problemen und Randbedingungen vertraut zu machen.

15. *Biologisch produzierende Landwirte* können für Sanierungen von Gebäuden oder für Betriebsrationalisierungen im Rahmen der Bodenverbesserungsverordnung ebenfalls subventioniert werden. Mit dem Aufbau eines Wochenmarktes in Stans (auf Initiative der Betriebsberatung) ist der Absatz der Produkte recht gut geregelt.

16. Das *neue Baugesetz* ist von der Landsgemeinde genehmigt worden. Ein Teil ist seit dem 1. 1. 1989 in Kraft, der andere wird mit der dazugehörenden Verordnung rechtskräftig. Zudem müssen gemäss der neuen Natur- und Heimatschutzgesetzgebung die Kommissionen (Naturschutz, Heimatschutz, Kultur- und Denkmalpflege) neu geregelt werden.

Fazit
Die Landwirtschaft ist auch in Nidwalden im Umbruch. Die Aus- und Weiterbildung der praktizierenden Landwirte und der kommenden Generationen darf nie erlahmen, damit die Zeichen der Zeit erkannt werden und die notwendigen Massnahmen zu greifen beginnen.
Die traditionellen Bauten genügen mehrheitlich den heutigen, betrieblichen Anforderungen nicht mehr (Arbeitsrationalisierung). Die neuen Bauten sind möglichst gut ins Landschaftsbild zu integrieren.

Lungern, Obsee

Kerns, St. Niklausen

Obwalden, 25.3.1987 (revidiert am 3.3.1989)

Anwesend:
Kantonale Kulturpflegekommission (Otto Camenzind, Lisbeth Ernst, Willi Studach)
Natur- und Heimatschutzkommission (Guido Eigenmann)
Edwin Huwyler (Bauernhausforscher, Fachberater der Kulturpflegekommission und der kantonalen Natur- und Heimatschutzkommission)
Schweizer Heimatschutz (Monica Aczél, Beate Schnitter)
Überarbeitung 1989 durch kantonale Kulturpflegekommission (Mathilde Tobler)

1. Im Kanton Obwalden gibt es wenig Scheunen in eingezontem Baugebiet, weil es sich um ein extremes Einzelhofgebiet handelt. Landwirtschaftszonen sind nie in der Bauzone, aber es existieren noch einzelne Bauernhöfe in der Bauzone. Die Betriebe sind ca. 6 ha gross, das Haus getrennt von Stall und Scheune. Die Nutzungsplanung ist im Gang. Ausserhalb der Bauzone, d.h. in der Landwirtschaftszone, haben Wohnbauten nach RPG das Recht auf 1/4 Ausbau, weil sie standortgebunden sind. Ställe werden nie umgenutzt.

2. Nur 80% des Hofes können belehnt werden. Wenn bei Erbantritt ein Umbau erforderlich ist, löst dies oft grosse finanzielle Probleme aus. Pro Landwirtschaftsbetrieb sind zwei Wohneinheiten zulässig (z.B. für Eltern), aber die Nutzungserhöhung ist beschränkt. Ab und zu kaufen Drittpersonen ein «Heimet» und benützen es als ständigen Wohnsitz oder Ferienhaus (u.a. sichere Geldanlage).

3. Bezüglich Wohnbausanierung herrscht im Kanton Obwalden ein grosser Nachholbedarf. Die Bauern bevorzugen in der Regel einen Neubau. Hin und wieder lassen sie wertvolle Häuser verlottern, um sie dann abbrechen zu können und dadurch einen Neubau zu erzwingen. Fachgerechte Renovationen sind heute noch in den wenigsten Fällen möglich. Bestrebungen zur Verbesserung der Situation sind jedoch im Gang. Über das Meliorationsamt haben die Bauern die Möglichkeit, finanzielle Unterstützung zu erhalten. Für denkmalpflegegerechte Restaurierungen sind nicht genügend Mittel vorhanden. Eidgenössische Parlamentarier sehen diese Probleme der Bauern und sind darüber besorgt.

4. Ausserhalb der Bauzone ist eine Umnutzung von Scheunen zu Gewerbezwecken nicht erlaubt. Stallbauten können – im Unterschied zu Wohnbauten – um mehr als 1/4 erweitert werden. Wohnhausanbauten werden bewilligt bei typischen (schützenswerten) Obwaldner Häusern, jedoch nur unter der Voraussetzung, dass sie im Kern nicht oder nur unwesentlich tangiert werden.

Sarnen, Ramersberg

Sarnen, Kirchhofen

5. Eine parzellenbezogene Nutzung ausserhalb der Bauzone ist dann möglich, wenn das Landwirtschaftsland vom benachbarten Bauern erworben wird.

6. Weiler sind in der Regel nicht eingezont, da ihr sehr lockeres Ortsbild bei einer allgemeinen Bauzone durch neue Zwischenbauten beeinträchtigt würde. Lungern-Obsee wird in der neuen Nutzungsplanung weitergehend eingezont.
Wegen Rechtsungleichheit wird eine Lösung für die Weiler à la Landolt* oder Genf (gezielte Nutzung je Objekt) bezweifelt: Der einzige Weg geht über den Objektschutz. Schutz muss aber mit «Überleben» gleichgestellt werden.

7. Eine Lockerung von Art. 24 RPG müsste mit Ertragswertberechnung gerechtfertigt werden. 25% Mehrausbau ist bei extrem kleinen Wohnhäusern zu wenig. Einen «Bonus» zu erteilen und dadurch den Altbau erhalten zu können, wäre eventuell ein gangbarer Weg. Diese Überlegungen betreffen nur die Wohnhäuser; sie sind es, die zur Zeit in Obwalden Probleme aufwerfen und nicht die Stallbauten.

8. Stallbauten: Güterzusammenlegungen kommen in Obwalden praktisch nicht vor. Maiensässe werden heute noch genutzt, obwohl es für die Bauern praktischer wäre, die Tiere unten im Dorf zu halten. Sie bleiben in Betrieb, weil der Bauer z.B. im Winter noch zusätzlich beim Skilift arbeitet. Eine Fütterung im Tal hätte grössere Ställe zur Folge, die nicht ins Ortsbild passen, und es würde zuviel Gülle produziert, die nicht auf die im Verhältnis zu kleinen Wiesen ausgeschüttet werden kann. Stallanbauten werden traufständig zum Tal errichtet. Es werden keine Normställe gebaut. Bei der Erstellung eines Neubaus wird der Altbau meistens abgerissen.
Die NHK und die Kulturpflegekommission intervenieren, wenn Kulturobjekte vom Abbruch bedroht sind.

*Methode angewendet bei Kernzonenplanung Küsnacht ZH resp. Kernzone «Hohe Promenade» in Zürich.

Die Interventionen sind aber meistens erfolglos. So gehen durch Stallabbrüche Zeugen einer früheren Bewirtschaftungsweise verloren. Ställe bilden in der Landschaft den «Kitt» im Wechsel mit den Wohnhäusern und sind somit landschaftsprägend. Zu grosse Neubauten nehmen in der Landschaft eine störende, dominierende Rolle ein. Der Stall scheint bis heute noch nicht als Kulturobjekt anerkannt zu sein. Oft haben Ställe «ausgedient» und sind baulich schlecht erhalten. Eine Umnutzung für Gewerbezwecke ist nicht erlaubt. Viele Altställe werden erweitert oder durch Neubauten ersetzt. 70 Ställe stehen zur Zeit auf der Warteliste für Sanierung oder Neubau. Vielleicht wird es möglich sein, einige Baugruppen, bestehend aus Ställen und Wohnhäusern, unter Schutz zu stellen (Grundlage: Bauernhausinventar). Dies ist aber noch nicht die Praxis, sondern erst eine Idee.
Der Altstall steht oft giebelständig zum Tal. Im Rahmen der CH91-Aktivitäten sollte die Gelegenheit geboten werden, baulich und betrieblich mehr mit giebelständig ausgerichteten Ställen zu experimentieren (aus ästhetischen Gründen). Weiter wäre es wünschenswert, wenn bei den Ställen wieder mehr Strohmist produziert würde. Die Verwendung von Heubelüftern führt zu einer Konzentration des Futters und demzufolge zu grösseren Stalleinheiten. Nach Meinung des Meliorationsamtes ist Finanzhilfe dringend notwendig.

9. Die vielfach gestaltungsarmen Neubauten verstärken den Trend zur Erhaltung von Altbauten. Die Bemühungen, die architektonische Qualität der Neubauten zu verbessern, könnten eventuell durch Wettbewerbe unterstützt werden.

10. Der Eigentumsbegriff hat in einem Bergkanton einen hohen Stellenwert. Dass Boden gleich behandelt werden sollte wie Wald, ist von vielen bis heute nicht akzeptiert. Bis das Volk in dieser Sache umdenkt, muss noch viel Aufklärungsarbeit geleistet werden.

11. Die Gemeinden erstellen Nutzungspläne. Die Zweckmässigkeitsprüfung wird vom Regierungsrat for-

Lungern, Obsee

mell durchgeführt. Bei Ermessensfragen gibt der Kanton Empfehlungen an die Gemeinden ab. Baugesuche in Landwirtschaftszonen müssen für die Standortbewilligung der Stelle für Raumplanung unterbreitet werden. Die Gemeinden besitzen ein Antragsrecht. Für Baugesuche in kantonalen Schutzgebieten muss die Stellungnahme der KNHK eingeholt werden.

In Zusammenhang mit den zur Zeit laufenden Revisionen der Nutzungsplanungen werden Inventare der schützenswerten Bau- und Kulturdenkmäler erstellt und deren Einstufung als Objekte von lokaler oder regionaler/nationaler Bedeutung vorgenommen.

Die im vorläufigen Inventar des Richtplans enthaltenen Objekte von regionaler und nationaler Bedeutung werden vorläufig wie Schutzobjekte behandelt. Daneben gibt es auch kommunale (d.h. lokale) Objekte.

Eschenbach

Vättis

St. Gallen, 10.12.1986 (revidiert am 23.2.1989)

Anwesend:
Denkmalpflege (Boari)
Planungsamt (Steinmann)
Landschaftsschutz (Flaad)
Meliorationsamt (Dudle)
Heimatschutz SG/AI (Gruber, Oberli)
Schweizer Heimatschutz (Monica Aczél, Beate Schnitter)

1. Der Kanton St. Gallen kennt nur eine Art Landwirtschaftszone. Durch Ueberlagerung mit Schutzzonen können auch Einzelbauten vom Schutz profitieren. Allerdings gehen RPG Bund und Baugesetz Kanton vor.

2. Der St. Galler Heimatschutz wird öfters von Gemeinden angefragt wegen der Weiter- resp. Umnutzung von landwirtschaftlichen Bauten (Beispiel Grabserberg). Die Gemeinden sind in dieser Frage hilflos. Allerdings kam kein Echo auf das Papier von Grabs.

3. Die Problematik der leerstehenden Agrarbauten ist direkt auf den Strukturwandel der Landwirtschaft zurückzuführen sowie auf die Leistungssteigerung: Heute ist gegenüber 1939 der Anteil der hauptberuflich in der Landwirtschaft tätigen Männer auf rund einen Drittel gesunken, trotzdem liegt der Endrohertrag 1,8 mal höher.
Die Bauern werden gezwungen, sich dieser Entwicklung anzupassen: Einsparung an Personal, Reduktion der Herstellungskosten. Die Volumenansprüche steigen mit dem Maschinenpark, den Hygienevorschriften für die Milchhaltung (Kühlraum), den Vorschriften für Tierhaltung, Gewässerschutz (Schwemmentmistung), zentrale Futterlagerung im Gegensatz zu den früheren, verstreuten Ausfütterungsställen, durch das Zupachten von Land (gesamtschweizerisch: 40% Landwirtschaftsland in Pacht). Altbauten, die nicht mehr genutzt werden, sind aus Unterhaltsgründen für die Bauern finanziell nicht mehr tragbar.

4. Betriebserweiterungen sind auch heute noch möglich, wenn entsprechendes Kulturland zugekauft oder zugepachtet werden kann. Die subventionierten Bauten werden so konzipiert, dass sie in einem solchen Fall leicht erweitert werden können. Bis vor rund 12 Jahren (Einführung der Milchkontingentierung) war es noch möglich, die *Produktion* ohne entsprechende Mehrfläche an Kulturland auszudehnen (z.B. durch leistungsfähigere Tiere, Fremdfutterzukauf usw.). Vielfach wurde damals bei Gebäudesanierungen der Einbau von Reserveplätzen zugelassen. Mit der Milchkontingentierung ist die

Toggenburg

Quinten

Milchproduktion limitiert. Die Bauern im Talgebiet (z.B. im nördlichen Kantonsgebiet, im Rheintal, in der Linthebene usw.) reagieren mit eigener Aufzucht und konkurrenzieren so die Bergbauern. Eine Ausdehnung der Fleischproduktion ist ebenfalls nicht mehr gut möglich (Ueberschüsse). Bei der Subventionierung von Gebäudesanierungen wird deshalb die zulässige Grösse streng auf die betriebseigene Futterbasis (Eigen- und Pachtland) abgestellt.

Der Selbstversorgungsgrad der Schweiz beträgt (ohne Futtermittelzukauf aus dem Ausland) knapp 60% – einer der tiefsten in Europa. Das landwirtschaftliche Einkommen weist, vorab im Berggebiet, ein erhebliches Manko auf. Das Einkommen kann nicht mehr mit einer Ausdehnung der Produktion verbessert werden, sondern nur noch mit einer Senkung der Produktionskosten (Rationalisierung). Der Landwirt steht bei einer Gebäudesanierung (heute sehr teuer) unter einem starken finanziellen Druck, da die Subventionierung eher abgebaut wurde. Es ist fraglich, ob in der Schweiz der Konsument infolge unserer strengen Vorschriften für die Landwirtschaft bereit wäre, für einheimische Landwirtschaftsprodukte mehr zu zahlen, trotz billiger Angebote ausländischer Ware.

5. Bei einer subventionierten Gebäudesanierung wird nicht von vornherein ein Neubau angestrebt. Es werden jedesmal auch Anbau- und Umbaulösungen geprüft. Meistens stellt sich jedoch heraus, dass bei all den Vorschriften und Anforderung (Tierschutz, Hygiene, rationelle Arbeitsabläufe usw.) Umbauten viel kostspieliger, wenn nicht gar undurchführbar sind. Bei sogenannten sanften Lösungen sind erfahrungsgemäss Fehlinvestitionen zu befürchten, d.h., nach wenigen Jahren werden dann doch umfassende Lösungen verlangt.

6. Subventionsgesuche werden aufgrund der technischen Richtlinien und massgebenden Vorschriften beurteilt. Diese mit Ästhetik zu verbinden, gelingt selten, da diese Artikel zu allgemein gefasst sind. Es wird auch ohne Meliorationsbeiträge gebaut. Der Heimatschutz sollte Richtlinien und Empfehlungen auch an Bauherrn, Projektverfasser und Baubewilligungsbehörden richten.

7. Die *Aussiedlung in Gruppen* (neue Weiler) wird von den Bauern nicht direkt abgelehnt, aber sie bevorzugen es, in einer gewissen Distanz voneinander zu leben. Zudem sind die Gegebenheiten (Landzuteilung, alte Gebäude, Finanzlage usw.) selten so, dass eine Gruppenaussiedlung möglich wird.

Bei Betrieben, die im Dorf liegen, können die Gebäude am alten Standort saniert werden, sofern genügend Umschwung vorhanden ist (Grenzabstände, Immissionen). Etwas problemloser ist dies bei Dorfrandbetrieben, vor allem dann, wenn sie rückwärtig an ein landwirtschaftliches Wegnetz angeschlossen sind und damit für die Bewirtschaftung die Dorfstrasse nicht benützen müssen. Am besten lassen sich solche Wegnetze im Rahmen einer Güterzusammenlegung verwirklichen.

8. Der Heimatschutz St. Gallen-Appenzell Innerrhoden hat (u.a. unter Mitwirkung des Meliorationsamtes) jüngst eine Broschüre «Stallbauten müssen nicht hässlich sein» herausgegeben.

9. Die Mentalität der Bauern ist steigend auf Rationalisierung ausgerichtet, nicht auf Erhaltung. Für Wohnhäuser ist Verständnis da, nicht für Scheunen.

Schutzobjekte nach kantonalem Baugesetz Art. 98 sind u.a: Kulturdenkmäler, künstlerisch oder geschichtlich wertvolle Bauten und Bauteile (f). Für Scheunen sind diese Kriterien zu anspruchsvoll, ausser für Topbeispiele.

Verbesserungen im Sinne des Heimatschutzes werden z.T. mitsubventioniert (bis 15%), wenn die Gemeinde mitzieht. Beispiele: Pfäfers, «Spinastall» (Schutzobjekt) wird als Lagerraum in der Nähe des Schiessplatzes verwendet, ein anderer Stall wurde als Jägerunterstand hergerichtet. Ein Unikum sind die Ziegenställe oberhalb Quinten. Sie werden nun behandelt. Eine Zusammenarbeit mit der Gemeinde ist dabei unumgänglich, weil der Gemeinderat für die Durchführung der Denkmalpflegemassnahmen zuständig ist und in der Regel die Gemeinde mitsubventioniert.

10. Die *Wichtigkeit von Inventaren* und darauf basierenden Gutachten wird klar bei einem Fall, in dem das Gericht

Schänis

Goldingen, Gibel

befand: «Verunstaltung» könne von der Mehrheit der Bevölkerung beurteilt und bestimmt werden (zu Art. 93 des Baugesetzes).

11. Art. 77, d des Baugesetzes (betreffend Ausnahmebewilligung): Ausserhalb des Baugebietes geht RPG vor, weil der Grundsatz der Zonenkonformität gilt.
Wenn bei einer Umnutzung ein Bau sehr verändert wird (zum Beispiel in seiner Konstruktion: bei Ausfütterungsställen liegt die Schwelle ohne Fundament auf dem Boden, was für ein Wohnhaus nicht möglich ist), läuft die Erhaltungsbestrebung neben das Ziel, weil diese Objekte für die «Kulturlandschaft» in ihrer ursprünglichen Form bestimmend sind.

12. In St. Gallen sind Nutzungsbeschränkungen, die über die Zonenbestimmungen hinausgehen, nicht möglich. Dem Baulanddruck können höchstens ästhetische Erwägungen überlegen sein, wobei die Verhältnismässigkeit des Ausbauverzichts für den Grundeigentümer geprüft wird...

13. Ein Malaise herrscht beim Bauernhausinventarisator (Region Toggenburg), weil spezifische Altbauten (Ställe) nicht mehr zu halten sind und die Durchführung der Vorschriften zu nachlässig gehandhabt wird. («Bald wird man nur noch die Fotos sehen.»)

14. Der Natur- und Heimatschutz wird im Baugesetz in wenigen Artikeln (verstreut) behandelt. Die Heimatschutzvereinigung hat aber Einsprachelegitimation.

15. Der Betriebsberater sollte nur beschränkt mit Pachtland rechnen, um grossen neuen Betriebsvolumen entgegenzutreten. Das Meliorationsamt hat die Anliegen des Heimatschutzes sowohl bei den Betriebsberatern als auch bei Projektverfassern schon verschiedentlich vorgebracht.
Ein personelles Problem scheint zu bestehen: 2 1/2 mal mehr Bauvolumen als vor 10 Jahren ist mit dem gleichen Stab zu behandeln. Altbauten brauchen aber mehr Aufmerksamkeit.

16. Das Gesellschaftsverständnis kommt auch zur Sprache: Die Einsicht jedes Einzelnen ist nötig. Gesetze allein helfen nicht. Ein Jurist steht nur auf schriftliche Fragen schriftlich zur Verfügung.

Siblingen

Büttenhardt

Schaffhausen, 4.12.1986 (revidiert am 23.3.1989)

Anwesend:
Amt für Denkmalpflege (Dr. U. Ganter)
Planungs- und Naturschutzamt (W. Mettler, Chef)
Meliorations- und Vermessungsamt (H. Matzinger, Chef)
Schweizer Heimatschutz (Sibylle Heusser, Beate Schnitter)
Überarbeitung 1989 durch Planungs- und Naturschutzamt

1. Allgemeine Bemerkungen zur Landwirtschaft

Güterzusammenlegungen erfolgten schon früh (ab 1920), abgeschlossen sind sie in 32 von 34 Gemeinden. Es sind keine grundsätzlich neuen Probleme aufgetaucht.

Der Schrumpfungsprozess der in der Landwirtschaft Beschäftigten (bei Annahme 1939 = 100%: 1986 noch 30%) wurde beschleunigt durch
– Mechanisierung (Rationalisierung)
– Landverlust (Überbauung, Strassen, usw.)
– zu kleine Betriebsflächen, ungünstige Betriebsstruktur.

Osterfingen ist ein eklatantes Beispiel für diesen Schrumpfungsprozess, der viele Ökonomiebauten ausser Funktion setzt.

In Grenznähe sind viele Betriebe auf Pachtland in den benachbarten deutschen Gebieten angewiesen.

Die Aussiedlung ist noch nicht abgeschlossen. Es gibt auch heute immer wieder Fälle, wo ein Verbleib im Kern nicht möglich ist.

Die bisherige Gebäudestruktur vermag oft den veränderten heutigen Anforderungen, bedingt durch andere Anbau- und Konservierungsmethoden, nicht mehr zu genügen, z.B.:

Getreide: Raum für Mähdrescher, Getreidesilos, jedoch nicht mehr für Garben.
Gras: Futtersilos anstelle von Heulagerraum.
Maschinen: ebenerdig, grossflächig anstelle der früheren, hohen Fruchträume.
Viehhaltung: Leistung pro Arbeitskraft einst 240 Std./Kuh + Jahr, heute 60 Std./Kuh + Jahr. Daher halten weniger Bauern mehr Kühe.

Eine Folge der veränderten Anforderungen ist die Zentralisierung der Betriebe. Es sind mehrheitlich Familien- und 1-Mannbetriebe.

Neue Landwirtschaftsgebäude richten sich heute in Form und Materialien nach den Anforderungen des spezialisierten Gewerbes. Alte Gebäude eignen sich schlecht für eine Anpassung; eine Verwendung der Altbauten ist sehr teuer.

Dörflingen

Hemmental

2. Landwirtschaftsbetriebe ausserhalb der Bauzonen

Es gibt im Kanton Schaffhausen, von einzelnen Fällen abgesehen, keine Scheunen als Einzelbauten. Üblich sind kombinierte Ökonomiebauten, fast immer in Verbindung mit dem Wohnhaus. Diese Begriffsdefinition ist wichtig, da in anderen Gegenden völlig andere Verhältnisse herrschen. Alleinstehende, nicht zum geschlossenen Ortsbild gehörende landwirtschaftliche Betriebe sind selten (Egghof, Hallau; Risibuck, Buchberg; Reiathöfe, Opfertshofen; Erlatingerhof, Neunkirch; Gennersbrunn, Schaffhausen). Solange diese bewohnt sind, sind Unterhalt und Erneuerung auf einfache Art in der Regel gewährleistet. Sie brauchen deshalb noch nicht unter Schutz gestellt zu werden. Die klassischen Aussiedlerhöfe des 19. Jahrhunderts sind an die historischen Ortsbilder angegliedert und – am ehemaligen Ortsrand angesiedelt – heute bereits wieder im Kern und in dessen Gesetzesgrundlagen integriert.

Heute werden nur noch wenige Landwirtschaftsbetriebe ausgesiedelt.

Aufgegebene Betriebe ausserhalb der Bauzone ergeben Probleme, da eine zonenfremde Nutzung nicht zugelassen werden darf (Grenze zur Paralandwirtschaft?). Neue Gewerbeformen, z.B. Reitzentren, Hippotherapie, Kurszentren, würden diese Bauten übernehmen.

3. Landwirtschaftsbetriebe innerhalb der Bauzonen

Das Inventar der Bauernhöfe in der Bauzone ist fertiggestellt (durch Hans Bieri von der Schweiz. Vereinigung für Industrie und Landwirtschaft (SVIL), als Beauftragter des Planungs- und Naturschutzamtes sowie des Landwirtschaftsamtes). Das Inventar dient als Grundlage für die Festlegung von Bauernhofzonen. In einigen Gemeinden stehen infolge Betriebsaufgabe oder Aussiedlung viele ehemalige Landwirtschaftsgebäude leer. Umnutzungen bringen Veränderungen, z.B. Vorplätze (Mistlege) werden zu Abstellplätzen, die Riesenvolumen oft bis unter die Ziegel genutzt, was zu Veränderungen der Dachlandschaften (Aufbauten, Dachfenster, Einschnitte) führt.

Bei Umnutzungen stellt sich die Frage nach der Erschliessungsform. Sollen einzelne Bauten als Kulturobjekte unter Schutz gestellt und da der landwirtschaftliche Schein gewahrt werden? Nach Auffassung der Kantonsvertreter sollten die bestehenden Bauvolumen in den ehemaligen Landwirtschaftsbetrieben genutzt werden; im Sinne der haushälterischen Bodennutzung werden dadurch weniger neue Bauzonen nötig. Gestalterische Vorschriften, v.a. in Kernzonen, sind auch für Landwirtschaftsbetriebe wichtig. Diese Vorschriften können oft mit ein Grund sein, dass ein Bauernbetrieb sich auszonen lassen will oder verlegt wird. Eine Festlegung der Ausnützungsziffer bringt keine Lösung in gestalterischer Hinsicht, höchstens Grenzen für den Ausbau. Zur Erfassung aller Bauten durch die Vorschriften der Ortsbildpflege sind überlagernde Ortsbildschutzzonen nötig (und werden auch im Kanton Schaffhausen ausgeschieden).

Im *Rebbaugebiet* (z.B. Hallau) wird die Nutzungsstruktur nicht so stark revolutioniert. Die Änderung der Nutzungsstruktur ist vergleichsweise klein. Im Ackerbaugebiet (z.B. Schleitheim) bangt man um die ortsbildprägenden grossen Höfe mit teils sehr grossen Ökonomieteilen. In den *Reiatdörfern* geschehen bei Umfunktionierungen relativ wenig Änderungen, da die Höfe sehr klein sind (oft gestelzte Anlagen).

Die Denkmalpflege sieht *Lenkungsmöglichkeiten über Planungsinstrumente* und Bauordnungen. *Nutzungseinschränkungen* sind nur beschränkt möglich (Teilausbau Dach). Hauptinstrument bleibt die *Bauordnung*, mit klaren Vorschriften insbesondere für Dachaufbauten, Substanzerhaltung etc. *Bauernhofzonen* im Bereich des Ortskerns werden mit der Ortsbildpflegezone überlagert.

Landwirtschaftsbetriebe an Ortsrändern kommen mehr und mehr unter den Bau- und Besiedlungsdruck (2. Säule, Bundesgesetz über berufliche Alters-, Hinterlassenen- und Invalidenvorsorge, vom 25. Juni 1982). Bauernhöfe sind gesuchte Handelsobjekte. Zur Erhaltung der Bauernbetriebe am Ortsrand wird die Zuweisung zur Landwirtschaftszone vorgeschlagen.

Im schutzwürdigen Ortsbild bestimmen in der Regel die Bauordnungen die Schutzwürdigkeit des Ensembles und der darin vorhandenen Substanz. Von Fall zu Fall wird auf dieser Basis die Erhaltungsmöglichkeit der

Barzheim   *Barzheim*

Objekte geprüft. Die Unmöglichkeit zu sanieren, so dass nur der Abbruch bleibt, muss begründet werden. Einige wenige alleinstehende Ökonomiebauten stehen unter Schutz. Eine Reihe weiterer mit dem Wohnteil kombinierter Ökonomiebauten figuriert ebenfalls bereits im Inventar. Bei Sanierungen und Umfunktionierungen wird darauf geachtet, dass die Veränderungen innerhalb der vorhandenen Substanz ablesbar sind. Da die ursprüngliche Nutzung ein für allemal verschwunden ist, sollte man nicht so tun «als ob». Sinnvoll ist die Ablesbarkeit der Hausgeschichte. Die reine Konservierung ist nur in Ausnahmefällen möglich.

4. Erbrecht
Wenn ein Bauernbetrieb in der Landwirtschaftszone liegt, muss insbesondere das Bundesgesetz über die Erhaltung des bäuerlichen Grundbesitzes vom 12. Juni 1951 sowie das übrige Landwirtschaftsrecht beachtet werden. Wo Güterzusammenlegungen und Grenzbereinigungen stattgefunden haben, gilt ein Abparzellierungsverbot (Ausnahmebewilligung durch den Regierungsrat).
Wenn ein Bauernbetrieb in der Bauzone liegt und er zum Ertragswert an den Nachfolger überging, herrscht praktisch ein 25 jähriges Abparzellierungsverbot, ausgenommen, der Betriebsinhaber zahle seine Miterben aus (Gewinnanteilsrecht).
Bei der Revision der Ortsplanungen ist zu überprüfen, ob Gebiete, die gemäss Bodenrechtsplänen (vgl. Richtplan des Kantons Schaffhausen, Nr. 111/A) für die Entwicklung der Besiedlung als entbehrlich bezeichnet wurden, nicht der Landwirtschaftszone zugeordnet werden müssten.

5. Instrumente für den Landschaftsschutz
Eine Bestandesaufnahme der Hecken, Trockenstandorte, Bäche und Streuobstanlagen ist bereits erfolgt. Schützenswerte Gebiete können mit Bauverbotszonen (Art. 5 Baugesetz) überlagert werden.
Andere Möglichkeit (vgl. Ortsplanung Ramsen):
Landwirtschaftszone I:
keine Bauten, Landwirtschaft hat Vorrang

Landwirtschaftszone II:
Bauten und Anlagen möglich, jedoch auch Beschränkung durch Schutz der Hecken, Terrassen, etc.
Bauten ausserhalb der Bauzone:
Art. 24 Abs. 2 RPG muss restriktiv angewendet werden.
Rebbau:
Vorgeschrieben für alle Bauten sind 15 m Abstand von der bestockten Rebfläche.

6. Rechtliche Grundlagen
– Baugesetz vom 9. November 1964 (in Revision)
– Gesetz über den Natur- und Heimatschutz im Kanton Schaffhausen vom 12. Februar 1968
– Richtplan des Kantons Schaffhausen
– Bauordnung der Gemeinden (z.T. in Revision)

Baubewilligungsverfahren:
Baugesuche für gewerbliche Bauten (auch landwirtschaftliche Bauten) ausserhalb der Bauzonen sowie für Bauten, die eine Ausnahme erfordern, werden vom Kanton bewilligt. Sind Gestaltungsfragen, v.a. in Kernzonen mit überlokaler Bedeutung, angesprochen, so ist die Kantonale Denkmalpflege beizuziehen (Bestimmung gemäss Bauordnung der Gemeinden)!

Küssnacht, Immensee *Muotathal*

Schwyz, 14.4.1987 (revidiert am 28.2.1989)

Anwesend:
Denkmalpflege (E. Müller)
Planungsamt (Weber)
Melioration (Inderbitzin)
Schweizer Heimatschutz (Monica Aczél, Beate Schnitter)

Bewilligungsverfahren
Innerhalb der Bauzone: Der Kanton ist nur zuständig für technische Bewilligungen, Baubewilligungsbehörde ist die Gemeinde.
Ausserhalb der Bauzone: Bewilligungsbehörde ist die Gemeinde, vorbehältlich der Zustimmung des Kantons. Der Entscheid des Justizdepartementes kann als Beschwerde an den Regierungsrat weitergezogen werden. Die Gemeinde ist laut kantonaler Verordnung über Natur- und Heimatschutz verantwortlich für Heimatschutzanliegen. Der Kanton kann bei Nichtbeachtung einschreiten. Die Gemeinde kann Fachorgane (Denkmalpflege) beiziehen.

Schutz
Wenn das Gebäude im KIGBO (Inventar der ca. 800 Kulturobjekte inkl. Kirchen etc.) ist, kann es Auflagen für den Umbau geben. Es gibt aber kaum eine Scheune in diesem Inventar (nur Pfarrpfrundscheune Freienbach). KIGBO-Objekte sind eher in den Dörfern zu finden, obschon der Kanton ausgedehnte Streusiedlungsgebiete hat. (Nachtrag 1989: bäuerliche Bauten ausserhalb der Bauzone werden aufgrund der Erhebungen der Bauernhausforschung ins KIGBO aufgenommen).
Die *Bauernhausforschung* hat flächendeckende Inventare – auch über Alpbauten erstellt (B. Furrer). Diese können objektbezogen beim Inventarisator angefordert werden. Das Meliorationsamt und die Planungsstelle stützen sich nur auf das KIGBO ab. Es ist vorgesehen, das Bauernhausinventar zusammen mit dem Kanton Zug herauszugeben, da die Hoftypen sich stark gleichen. Das Inventar soll in nächster Zeit festgesetzt und dann im Bewilligungsverfahren gebraucht werden können.
Im Bewilligungsverfahren für Objekte, die in BLN-Gebieten liegen, ist ein Antrag des Meliorationsamtes notwendig, der durch einen Mitbericht der Planungsstelle ergänzt werden muss. Das Dossier wird der ENHK vorgelegt.

Ökonomietypen
– Waschhäuser: gibt es fast keine mehr.

Arth

Schübelbach

- Brauereien, Trotten: kommen in der Gegend von Küssnacht vor (Most, Kirschen), auch bereits zu Wohnzwecken umgebaute; im Berg als Anbau ans Wohnhaus.
- Gadenställe: werden seit dem 19. Jahrhundert mit dem Wohnhaus unter einem First gebaut, parallel zum Hang. Der Scheunenteil wird gelegentlich für Wohnzwecke (Stöckli) umgenutzt.
- Stallscheunen vom Wohnhaus getrennt: sind der Normalfall.
- Remisen: gibt es nur im Tal, in Mostgegenden, wo sie gelegentlich zu Wohnzwecken umgenutzt werden.
- «Eusch» (Heustadel): werden nicht mehr benötigt und schleichend umgenutzt für Wochenend- und Festzwecke.
- Turbenhüsli, Futtergaden: in Rothenturm und der Sihlebene gehen verloren, obschon sie landschaftsprägend sind.
- Alpbauten: 500 Betriebe funktionieren noch immer, müssen aber bald saniert werden. Die bisherigen Anstrengungen konzentrierten sich auf ganzjährig bewohnte Gebiete.

Stallsanierung innerhalb der Bauzone
Im Baugebiet gibt es nur wenige Höfe. Diese liegen in Unter-Iberg und in Rothenturm und sind eine Folge des dortigen Korporationsrechtes (Allgemeingut). Meistens sind diese Höfe schon seit 30 und mehr Jahren aufgegeben, umgebaut zu Wohnzwecken. Das Land wurde zu Bauland. Im Flecken Schwyz gibt es noch 2 Bauernhöfe in der Bauzone. Die grossen historischen Höfe (Maihof, Waldegg etc.) liegen in der Landwirtschaftszone.

Stallsanierung ausserhalb der Bauzone
Die bäuerliche Siedlungsform ist alemannisch geprägt und daher gestreut.
Von den Hofsanierungen, die das Meliorationsamt jährlich betreut, betreffen 40 Wohnhaussanierungen, oft kleine Innenverbesserungen, 30 Stallneubauten. Die alten Ställe werden rigoros abgebrochen, um eine Umnutzung, z.B. als Garagenwerkstatt, zu verhindern (Subventionsbedingung). Eine Ausnahme besteht beim Gadenhaus, wo die Erhaltung der Stallscheune für das Gesamtbild notwendig ist. Dort wird eine Nutzung für diesen Gebäudeteil festgelegt. Aus finanziellen Gründen wird auch oft die bestehende Substanz des Stalles saniert, also ein Kompromiss zwischen den finanziellen Möglichkeiten und der betrieblichen Neuerung gesucht. Der Kulturwert des Objektes wird nicht in die Erwägungen miteinbezogen. Die Bauern sehen den alten Stall nicht als ihre «Heimat», eher den neuen Stall als Prestigeobjekt. Ein neuer Stall kann einen «ansteckenden» Boom auslösen!
Bund, Kanton und Bezirk subventionieren 40–50% der Bausumme. In vielen Fällen bedeutet dies Fr. 300 000.–/Objekt à fonds perdu. Dazu kommen durch Vermittlung des Meliorationsamtes noch Beiträge von der Berghilfe und anderen gemeinnützigen Gesellschaften. Da dies immer noch eine sehr hohe Investition ist, muss oft auf den Neubau verzichtet und der alte Stall saniert werden.
Abgelehnt werden Gesuche von «Hobbybauern».

Betriebliche Vorgaben
Greiferscheunen sind grösser als die bestehenden. Sie stellen landschaftliche Probleme. Bei kleinen Betrieben ist die neue Scheune disproportioniert, weil zu hoch gegenüber der Länge.
Die betriebseigene Futterbasis ergibt die Betriebsgrösse und damit letztlich die Dimension des Stalles. Düngerproduzierende «Grossvieheinheiten» sind ein weiteres Mass. Der Umweltschutz wird in Zukunft einschränkend auf die Agrarproduktion wirken (Düngung, Pestizide, Monokultur etc.). Schweinemästereien haben den Bau neuer Stallkomplexe ausgelöst (Gebiet Küssnacht); die traditionelle Schweinehaltung als Ergänzung zum Viehbestand ging stark zurück. Die Rindviehhaltung ist vorherrschend, in der March gibt es zusätzlich ein wenig Ackerbau. Versuche mit neuen Getreidesorten laufen im Raum Einsiedeln.
Zupacht ist allgemein bekannt und begehrt, teils aus Korporationsland, teils aus Privatland von aufgegebenen Höfen. Beim Meliorationsamt gehen viele Gesuche für eine Abtrennung der Häuser von der Landwirtschaft

Rothenturm

ein. Dies wird gestattet, wenn eindeutig nachgewiesen wird, dass das Haus nicht mehr der Landwirtschaft dienen muss.
Der *Betriebsberater* berät bei Hofübergaben, in allen Produktionsrichtungen und stellt Raumprogramme auf (Viehwirtschaftsberater ist Meisterbauer, der nebenamtlich berät).
Der *Betriebswirtschafter* (Agronom) auf dem Amt berät auch in Baufragen im Zusammenhang mit Subventionen.
Ein *Umdenken bezüglich der Ökologie* findet beim Pflanzenanbau statt, schlägt sich aber noch nicht auf den Betrieb und das Bauliche nieder. Auf die Mechanisierung kann auch im biologischen Landbau kaum verzichtet werden.
Das Tierschutzgesetz muss respektiert werden. Immerhin könnte man wieder kleinere Ställe bauen ...
Die Tendenz geht heute in Richtung Boxenlaufstall. Die Tiere laufen aus ihrer Boxe selbst zum Futter innerhalb des Stalles. Sie kennen ihren Platz.
Private Architekten beraten auch Bauern in Baufragen und werden vom Meliorationsamt zu Weiterbildungskursen z.B. nach Tänikon mitgenommen.
Modeströmungen können nachteilige bauliche Folgen haben. Die Meinung der Berater wird deshalb im Subventionsverfahren auch in Bern noch überprüft.
Das bäuerliche Erbrecht stellt kein grösseres Problem dar.
Ästhetik ist Gefühlssache der Beamten. Es besteht keine gesetzliche Handhabe dazu.

Neuendorf

Trimbach

Solothurn, 24.3.1987 (revidiert am 23.2.1989)

Anwesend:
Bauernsekretariat (Nationalrat Nussbaumer)
Denkmalpflege (Dr. Carlen)
Raumplanungsamt (Bieri)
Meliorationsamt (Kaufmann)
Baudepartement (Fürsprech Kamber)
Schweizer Heimatschutz (Sibylle Heusser, Monica Aczél, Beate Schnitter)

1. Die *Abkehr vom Prinzip der Aussiedlung* kam um 1975 mit der Kreditknappheit. Die Wichtigkeit einer Rückbesinnung auf alte Werte ist sogar von Not Vital, dem damaligen Direktor der Schweiz. Vereinigung Industrie und Landwirtschaft (SVIL), damals in den 70er Jahren erkannt worden. Allerdings waren die Bauern zu jener Zeit schon umringt von Einfamilienhaus-Zonen, so dass heute noch oft Höfe an die Siedlungsränder hinaus verpflanzt werden müssen. Das Gelingen guter Umbauten scheitert an der mangelhaften Kenntnis der Architekten. Erst neuerdings erwacht der Sinn für das Umbauen wieder. Bei Strukturverbesserung achtet man darauf, dass der Altbau entweder renoviert oder, wenn in zu schlechtem baulichem Zustand, abgebrochen wird. Bauruinen werden nicht toleriert.

2. In den verschiedenen Bauerndörfern ist man sich über das Erhaltungsziel nicht einig. Es gibt Dörfer, die wirklich für eine «harmonische Entwicklung» kämpfen, solche, die in abwartender Stellung stehen, und solche, die noch keine Entwicklungsschranken sehen. Die Juraschutzzone wird aber vom Kanton her durchgesetzt. All dies schlägt sich in der *Gemeindeplanung* nieder.

3. *Wohnhaus und Stallscheune* sind zusammengebaut. Die Feuerversicherung bekämpfte diese Hofform. Erst neuerdings darf ein Hof wieder unter einem Dach neu gebaut werden, mit einer Brandmauer zwischen den beiden Abschnitten.

4. Ein ehemaliger Servitutshof (heute Privatbesitz eines Bauern) wurde neulich mit der Denkmalpflege restauriert. Alle Neuerungen wurden in einem neu erstellten Anbau untergebracht. Ästhetik und Funktion zusammenzubringen ist schwierig, weil heute die alten Ökonomiebauten nicht mehr benutzt werden können.

5. *Ausserhalb der Bauzone* ist es bei Sanierungen möglich mit dem altem Volumen auszukommen, ev. mit geringfügiger Erweiterung (Anbau: Firstverlängerung oder Kreuzfirst). Nur wenn die Bausubstanz schlecht ist, wird abgebrochen. Heute gilt die Devise: sanft sanieren

Selzach, Altreu

Aetigkofen

oder Neubau von besserer Qualität als bisher, Konflikte in wirtschaftlicher Hinsicht lösen.

6. Güterregulierung Thal wurde noch kürzlich durchgeführt: 7 Betriebe wurden ausserhalb der Bauzone angesiedelt.

7. Leerstehende Höfe entstehen innerhalb der Bauzone. Sie werden noch häufig abgebrochen oder umgebaut und einer neuen Nutzung zugeführt. Für die Nebengebäude (Ofenhäuser, Speicher etc.) besteht dann kaum eine Überlebenschance.

8. Eine *Bauernhofzone* oder Landwirtschafts-Kernzone wird neuerdings bei Bauernbetrieben über die Bauzone gelegt. In der landwirtschaftlichen Kernzone sind auch andere Dienstleistungen möglich. Der Wohnraum ist nur für Bauern, als Schutz für die Bauernbetriebe. Es bestehen erschliessungsrechtliche Vorrechte (Belastungs-Entlassung) zugunsten der Bauern (ihr Land wird nicht mit Perimeterbeiträgen belastet resp. noch nicht erschlossen, Art. 113 Baugesetz). Die Ausnützungsziffer ist wie in der nebenstehenden Zone angesetzt (z.B. Wohnzone 2). So besteht eine Chance, dass eine alte Scheune nicht total ausgebaut wird.
Die Bauernhofzone wird im Gemeindezonenplan ausgeschieden. Zur Einzonung gelangen Höfe, die noch nicht umgebaut wurden und hierdurch erhalten bleiben. Viele Bauern akzeptieren die Umzonung, denn daneben kostet das Land Fr. 250.–/m² und sie brauchen für die Tiere Umschwung neben dem Stall. Viele Bauern wollen dadurch auch die Erschliessungkosten umgehen. Die Bauernhofzone wurde vom Kanton erlassen. Etwa 1/3 der Bauern lehnt sie ab. Der Kanton beugt sich («berücksichtigt») der Gemeindeautonomie «über alles», d.h., die Bauernhofzone wird nicht gegen den Willen der Gemeinde eingeführt.

9. Die «Kernzone» ist im Kanton Solothurn sowohl Zentrum wie Dorferhaltungszone. Jede Gemeinde formuliert verschieden. *Kernzone ist nicht mit Schutzzone gleichzusetzen.* Das öffentliche Interesse am Dorfbild spricht eigentlich gegen einen allzu grossen Ausbau ungenutzter Scheunen. Grosse ungenutzte Volumen stellen aber ein Problem dar. Die Baukommission einer Gemeinde wendet in der Praxis Formulierungen früherer Gemeinderatsbeschlüsse an und «schwimmt» in der Konfrontation mit diesen schwierigen Problemen. Die Ausbaugrenze ist auf alle Fälle aus der Rechtsgleichheit abzuleiten: es darf nicht mehr ausgebaut werden, als die Standortzone für einen Neubau erlauben würde. Hierdurch wird der Ausbau gebremst.

10. *Scheunen* wurden als Lagerraum gebraucht. Jetzt wird im Parterre Wohnraum eingebaut. Viele sind abgebrochen worden, weil die Bewilligungen für einen Ausbau zu restriktiv gehandhabt wurden. Die Politiker wollen Scheunen als Alternative gegen die «Zersiedelung» total ausbauen. Beispiel Hauenstein: Die Gemeinde lässt die Scheunen so, wie sie sind, leer stehen, statt sie umzunutzen. Für neuen Wohnraum müssen dann Wiesen eingezont werden.

11. Scheunen werden wegen des *historischen Zeugniswertes* erhalten. Ein Neubau, der die alte Scheune kopiert, ist widersinnig. *Bester Schutz* für die Scheunen ist deren *Weiterverwendung* (bzw. Umnutzung) im Bauernbetrieb. Der Ausbau sollte auf 2 2/3 Geschosse beschränkt werden. Dies ist bereits eine heikle Bauaufgabe wegen der Dachaufbauten im Dachgeschoss. Leider gewähren viele Gemeinden 3 Geschosse im Ortskern. Dabei ist eine Scheune im Erscheinungsbild eigentlich 1 1/2-geschossig. Ausser im Bucheggberg, wo ein «Stöckli» zur Hofanlage gehört, werden in alten Scheunen häufig Wohnungen als Altenteil (im Erdgeschoss) und für Jungbauern (1. und 2. Obergeschoss bzw. Heulagerraum) eingerichtet. Dort, wo der Heulagerraum weiterhin als solcher genutzt wird, verlangt die Feuerpolizei einen feuerfesten Abschluss gegen die darunterliegende Wohnung. Diese *Umbauten für Bauern* sind weit weniger problematisch als für Fremdnutzung. Nutzung über dem Kehlgebälk sollte nicht erlaubt werden, ist auch meist ungesetzlich.
Bei Umbauten von Scheunen, die unter Schutz stehen,

Balsthal

Beinwil

ist die Denkmalpflege mitbewilligend. Die Gemeinde stellt den Antrag.
Nicht mehr benutzte Scheunen werden auch abgebrochen, sogar Hochstudscheunen!

12. *Scheunenausbauten zu Wohnzwecken* sind Mode geworden. Das Bauernsekretariat wird wöchentlich für Kauf eines alten Hofes «mit cachet» angefragt. Bauern werden auch direkt angefragt. Niemand kann ihnen vor einem lukrativen Geschäft stehen. Den Betrieb kann er aber nicht verkaufen, und da entstehen wieder Probleme. Wegen der hohen Preise gehen die Häuser an *verschiedene Partien* und werden dann *maximal* (und schlecht) ausgebaut.

13. Der Gemeinderat ist Planungs- und Bewilligungsbehörde und könnte *Schutzverfügungen* aussprechen. Aber er ist oft zu nahe beim Geschehen. Der Kanton kann auch einen kantonalen Schutz verfügen, findet dies aber psychologisch heikel.
Ausserhalb der Bauzone kann der Kanton autonom verfügen. Ein gutes Beispiel ist die Juraschutzzone, wo eine positive Entwicklung stattfindet.
Das Schutzinventar stammt aus den 40er Jahren. Scheunen sind kaum drin. Z.T. ist nur der Wohnteil im Inventar, wenn der Bau nicht mehr der Landwirtschaft dient. Speicher können kaum umgenutzt werden, sind aber beliebt und werden neuerdings auch gehandelt und gezügelt ...

14. Als Schweizer Unikum existiert im Kanton Solothurn *keine Landwirtschaftszone*. Bauten ausserhalb der Bauzone laufen über Art. 24 RPG als Ausnahme. Die Bewilligung liegt nicht in der Kompetenz der Gemeinden. Vom Kanton wird eine angemessene Umnutzung einer Scheune zu Wohnzwecken toleriert, ohne exakte Massdefinition. Ein «zeitgemässer Wohnstandard» soll erreicht werden können. Der ungenutzte Teil bleibt leer und zerfällt, wenn er nicht unter Schutz gestellt wurde. Wenn ein öffentlich-rechtliches Interesse an der Erhaltung nachgewiesen werden kann, ist auch das Problem des Standortes ausserhalb der Bauzone gelöst, das dann unter Schutz gestellt werden kann. Die Denkmalpflege begleitet den Umbau z.B. zu Wohnungen. Zugunsten der Gebäudeerhaltung darf auch abparzelliert werden, wobei der Schutz im Grundbuch festgehalten wird. Landwirtschaftsgebiet ist im Richtplan ohne Nutzungsausscheidung festgesetzt. Landwirtschaftliche Vorrangflächen müssten aber in eine Landwirtschaftszone. Für die Erhaltung haben diese Gebiete den Vorrang gegenüber den Gemeindeinteressen, da die Gesuche direkt an den Kanton gehen.

15. Seit 1980 wird *im Landwirtschaftsbereich vermehrt auf Ästhetik geachtet*. «Fertigschopfbauten» werden nicht mehr gestattet. Es ist erkannt worden, dass eine Bauamortisation für kurzlebige Bauweise von 5% (statt 1,5%) für die innert 20 Jahren schon wieder renovationsbedürftigen Neubauten eine zu hohe Last ist. Daher baut man wieder grössere Dachvorsprünge, verwendet bessere Materialien etc. Die Kreditkasse arbeitet mit dem Landwirtschaftsamt zusammen.

16. Umbaugesuche zu Objekten innerhalb der Ortsbildschutzzone (national und regional nach ISOS, etwa flächengleich kantonal festgesetzt) werden an die Heimatschutzstelle zur Stellungnahme geschickt. Diese Stellungnahme hat keine rechtlichen Konsequenzen für die *Baubewilligung* durch die Gemeinde!
Das Verwaltungsgericht sichert die Anwendung des Ästhetikartikels in der Juraschutzzone durch entsprechend konsequente Urteile ab.

17. 130% der *subventionsberechtigten Kosten* dürfen nicht überschritten werden. Ästhetische Aspekte müssen durch irgendwelche anderen Einsparungen finanziert werden können.
Ein Abbruch wird oft angeregt, weil die gewünschte Anzahl Tiere im Altstall nicht untergebracht werden kann. Zuerst muss der *Intensivierungsdruck auf die Landwirtschaft* reduziert werden. Auch die allzu übertriebenen Forderungen im Tierschutzgesetz (z.B. betreffend Fensterflächen) müssen abgebaut werden.

18. Eine *Änderung des Landwirtschaftsgesetzes kommt mit Riesenschritten,* da es so nicht weitergehen kann.

Barbengo

Pedrinate

Tessin, 22.6.1987 (revidiert am 7.3.1989)

Anwesend:
Denkmalpflege (Prof. Donati)
Raumplanung (Antonini)
Melioration (Minoli)
Jurist (Lardelli)
Schweizer Heimatschutz (Sibylle Heusser, Beate Schnitter)

1. *Typologie:* Häufig sind die Wohnhäuser von den Ställen getrennt, sogar in Stallquartieren abgesondert. Hingegen gibt es auch Wohnungen über Ställen (Wärme der Tiere nutzen).
Sopraceneri und Sottoceneri sind von der Geschichte her sehr verschieden, daher bestehen ganz andere Besitzverhältnisse und Bauformen.

Mendrisiotto:	Grossgrundbesitz, sogar ausländische Besitzer. Pacht durch Produkte abgezahlt (Mezzadria).
In den Bergtälern:	Weiden, Wiesen, Wald, Alpen sind Gemeinbesitz des Patrizziato wie meist in den Bergregionen. Eigenbesitz ist Haus und Garten.

Im Sottoceneri gibt es gar kein Patrizziato mehr, während sich diese Form im Sopraceneri gut hält.

2. *Erbfolge:* Viele Bauten und Gärten sind nicht geteilt, weil die Erben ausgewandert und seit Jahrzehnten verschollen sind. Eher wird an Fremde als an einen Miterben verkauft. Oft verwaltet ein Erbe, der noch Bauer ist, die vielen kleinen Ställe, die zur Erbschaft gehören. Wenn es keine Meinungsdifferenzen gibt, ist dies eine mögliche Form für die Weiterexistenz der Ställe.
Ein Rustico (kleiner Stall mit Heubühne im Giebel) misst 5 × 5 m und ist, ohne den Giebel, 5 m hoch. Die kleinen Gebäude können nicht mehr landwirtschaftlich genutzt werden (zu grosse Kühe). Die frühere Kuh, die Mucca (Mückenkuh?), war gebirgstüchtig und klein. Ziegen gibt es kaum noch, und damit zerfallen die Ziegenställe (Förster sind gegen Ziegen). Wegen der Mechanisierung sind die Ausfütterungsställe nicht mehr nötig. Grössere Ställe in den Dörfern haben eine Chance zum Überleben.

3. *Problembau Rustico:* Die meist nicht mehr landwirtschaftlich genutzten Rustici werden zu Ferienzwecken umgenutzt. Sonst bleibt als «Lösung» nur, sie dem Zerfall zu überlassen oder, als Ausnahme, eine denkmalpflegerische Erhaltung (neben Monument etc).
Art. 1 RPG wird zur Erhaltungsbegründung beigezogen bei Umnutzung zu Ferienhaus. Die Erhaltung der

Monte Podegana (Val Malvaglia)   *Piano di Campo*

Kulturlandschaft (natura antropizata) geht vor, und Bern ist mit dieser Lösung einverstanden (andere, gegenteilige Meinung geht aus einem Zeitungsartikel im Tagesanzeiger vom 24. 6. 87 hervor!). Problematisch ist, *wie* umgebaut wird, nämlich meist kitschig. Ein Umbau entzieht sich der Kontrolle der Behörden, da die Objekte meist zu abgelegen sind (4 Std. zu Fuss...).
Preis: Ein Rustico kostet eigentlich Fr. 500.–, wird aber für Fr. 40 000.– und mehr gehandelt. Irrationale Gründe führen zu diesem Festklammern an «romantischen» Altbauten, die mit dem Umbau ihre ganze Einfachheit verlieren.

4. Das *Meliorationsamt* verzichtet auf perfektionistische Lösungen, da der Bauer sich sonst mit grossen Investitionen zu sehr verschuldet. Wichtig ist nach wie vor die Mechanisierung, die Konzentration Heu mit Vieh etc. Altställe können als Remisen weiterexistieren. Güterzusammenlegungen werden kaum mehr gemacht.

5. Altställe werden nicht mehr repariert, da oft Verwandte nicht mehr auffindbar sind, die gemäss Erbrecht mitzahlen müssten. *Ev. könnte das Erbrecht gestrafft werden* (z.B.: Gemeinde springt für Unauffindbare ein, Aufruffrist von z.B. 30 Jahren ansetzen, Mitbesitz derjenigen, die sich bis dahin nicht mehr melden, aufheben).
Es gibt kein Gesetz, welches die *Unterhaltspflicht* stipuliert. Die Folge ist der Zerfall oder, bei Gefährdung Dritter, der Abbruch.
Als 4. Lösung für das Überleben der Ställe wird seitens der Denkmalpflege die Krise erwähnt und auf den 2. Weltkrieg verwiesen, wo viele Leute wieder zurück in die Dörfer gingen und ihr Land wieder bebauten...

6. *Baubewilligung:* Es wird mit und ohne Bewilligung umgebaut. Ausserhalb der Bauzone liegt die Kontrolle beim Kanton. Die Gemeinde schickt das Dossier dem Kanton, und nach dem Entscheid geht es zurück an die Gemeinde zur Durchführung.
Weidscheunen sind am meisten gefährdet. Durch irrationales Festklammern an diesen Bauten wird mit Eifer und Liebe zu Tode umgebaut. Die kulturelle Bedeutung dieser Bauten sollte dem Publikum klargemacht werden, damit Kitsch verhindert werden könnte und weniger umgebaut würde (weniger intensiv und weniger Bauten überhaupt).
Subventionierung der Dachreparatur wird als sinnvoll angesehen.

7. *Grotti* werden z.T. auch zu Wohnzwecken (Ganzjahr-Ferienhäuser) umgebaut und dabei zerstört. Der Kanton hat die Inventare zu verschiedenen Bautypen komplettiert: Inventar der Grotti, der Mühlen, Weinpressen, «Torbe», Eishäuser.

8. Das Mendrisiotto hat nur noch wenige Bauern mit grossen Höfen (Jurakrösse).
Teilweise sind die Höfe schon Luxusvillen. Hofgrösse im Tessin sonst ca. 5–10 ha mit Zupacht.

Anwil

Märstetten

Thurgau, 2.3.1987

Anwesend:
Denkmalpflege (Ganz, Fankhauser)
Raumplanung (Woodtli, Hàry)
Meliorationsamt (Graf)
Landschaftsschutz (Stauffer, Hipp)
Rechtsdienst (Litschgi)
Schweizer Heimatschutz (Monica Aczél, Beate Schnitter)

Bewilligungsbehörde: Die Verwaltungsstruktur ist sehr speziell.
- Kleinstweiler werden pro Gemeinde in eine Munizipalgemeinde zusammengefasst. Diese ist u.a. zuständig für das Bauwesen. Sie muss Zonen ausscheiden, die Bauordnung aufstellen. Deshalb gibt es kaum Bauten ausserhalb des Baugebietes, also kaum RPG 24-Ausnahmen. Ausserhalb der Bauzone darf man nichtbäuerlich genutzte Bauten nur zeitgemäss erneuern. Jene Scheunen sind noch besser zu erhalten, als die bäuerlich genutzten (in Landwirtschaftszone).
- Die Ortsgemeinde hat auch ihre Bau- und Zonenordnung (ganz normal).

Wenn Kleinstweiler in eine Bauzone eingezont sind, bestehen für die Scheunen die gleichen Grundprobleme wie für Scheunen, die im Ort stehen. Ihr Fortbestand resp. Umbaupotential ist von Bau- und Zonenvorschriften abhängig. Man kann sie «bis unter den letzten Ziegel» ausbauen. Die Baureglemente werden z.T. von Kleinstgremien (Munizipalbehörde) angewendet. Raumplanung und Denkmalpflege können in solchen Fällen keinen Einfluss nehmen, ausser wenn eidgenössisches Recht, z.B. Schutzzonen, Schutzobjekte, berührt wird. Die Zentralstelle beim ARP behandelt diese Fälle seit der Einführung des *kantonalen Baugesetzes* 1979. Es existiert *kein Natur- und Heimatschutzgesetz*. Freiwillig kann eine Bewilligungsbehörde bei der Denkmalpflege Gutachten einholen.

Bei einer *Betriebserneuerung* wird versucht, am alten Ort und in der bestehenden Scheune die neue Betriebsform zu integrieren. Dies ist aber selten möglich, da ganz neue Anforderungen an den Bau gestellt werden, z.B. bezüglich Art der Aufstellung und Anzahl der Kühe (früher: Aufstellung quer zum First, ergibt Scheunentiefe von 11–12 m; heute mehr Kühe in Hallenstall: Aufstellung parallel zum First in zwei Reihen, ergibt Tiefe von 14–15 m). Die neuen Hallenställe führen zu disproportionierten Anbauten an das bestehende Wohnhaus. Ev. könnte zur optischen Verbesserung ein Zwischentrakt eingeschaltet werden. Nach dem Bau einer neuen Scheune hat die alte keine Funktion mehr und

Oberneunforn *Kaltenbach, Bleuelhausen*

wird mit Wohnungen oder Gewerbe vollgestopft oder «einstweilen» belassen, was keine Dauerlösung ist. Die Zukunft ist ungelöst. Gute Umbaulösungen sind selten.

Die *Weilerzone* ist eine Schutzzone, hingegen ist Zweckentfremdung im Rahmen der Bauvorschriften möglich. An sich galt der Schutz dem bäuerlichen Fortbestand der Weiler. Die Güterzusammenlegung wirkte dem entgegen. Auch Strassen vor den Höfen bieten Probleme. Wenn gesiedelt wird, muss aus dem zurückgelassenen Hof möglichst viel gelöst werden, zur Finanzierung des Neubaus (Subventionserleichterung oder Wunsch des Bauern, der ohne Subvention siedelt). Eine Weiterverwendung der Höfe in der ursprünglichen Funktion ist nicht möglich. Bei der Aussiedlung werden Aspekte des Ortsbildschutzes nicht berücksichtigt.
Bei der *zu erwartenden Umbauwelle* kann nur das Volumen der Hofbauten erhalten werden. Die Reglemente sind «grosszügig», es gibt keine Nutzungsbeschränkung und keine Ortsbildanweisung nach Landolt (Methode angewendet bei Kernzonenplanung Küsnacht ZH und Kernzone «Hohe Promenade» in Zürich). Zu viel Geld wirkt sich oft erst recht negativ aus (Firlefanz und Kitsch an einfacher Scheune). Dachausbau löst Dachaufbauten aus, was bis zu 1/3 der Länge möglich ist.

Problem: Ausserhalb der Bauzone werden nun Metallunterstände und aus dem Ausland beschaffte *Fertigindustriebauten* aufgestellt. In der Landwirtschaftszone müssen diese bewilligt werden. Die Subventionsverordnung sah früher eine Bevorzugung des einheimischen Gewerbes vor; diese Auflage wurde zugunsten der Handelsfreiheit gestrichen. Die gleiche Problemstellung besteht im Kanton Appenzell Ausserrhoden.

Schutzzonen werden von der Landwirtschaftszone getrennt und nicht überlagert resp. wie in Schaffhausen differenziert.

Die Bauern wollen keinen «Heimatstil im Dorf». Es sind die Städter, die ihre Sehnsucht nach einer vorindustriellen Gesellschaftsordnung im Bauerndorf verwirklichen möchten. Dabei sind «Bauern» oft nicht mehr Grundbesitzer, sondern Pächter und nicht zum Bewahren erzogen, sondern als «Bodenbewirtschafter». Diese werden zu effizienter Leistung (Gift etc.) angehalten. *Für biologische Bewirtschaftungsformen sind Subventionen schwer erhältlich.*
Kaum 10% der alten Höfe sind noch im Besitz von Landwirten und von diesen auch bewohnt, d.h., ein Grossteil der «Bauernhäuser» dient Nichtbauern als Wohnung. Planer und Architekten sind Städter. Auch die Bauvorschriften sind städtisch geprägt und entsprechen nicht der ländlichen, bäuerlichen Vorstellung von Architektur (sozialpolitisches Problem).

Die Subventionsverordnung regelt den Betrieb und das daraus abzuleitende Volumen. Es ist kein Geld für zusätzliche Ausgaben (z.B. Ziegel) vorhanden.
Speicher haben keine Funktion mehr und gehen ein. Eine Unterschutzstellung wird abgelehnt.
Die Beratung der Bauern setzt zu spät ein. Es wird angeregt, früher mit der Beratung einzusetzen. Allerdings sollte Einigkeit bestehen zwischen den verschiedenen Interessengruppen über die Zielsetzung, bevor die Konkretisierung beginnt. Fertighäuser z.B. sind offenbar eine Versuchung – an der OLMA mit farbigem Prospekt –, weil sie problemlos erscheinen.

Andermatt

Unterschächen, Äsch

Uri (Protokoll Telephongespräch, September 1986)

Justizdirektion, Heimatschutz/Denkmalpflege
(J. Herger)
Schweizer Heimatschutz (Beate Schnitter)

1. Das alte *Korporationsrecht* (Hüttenrecht) erlaubt, einen Wohnteil auch ausserhalb der Bauzone instandzustellen, hingegen nicht, ihn zu vergrössern. Diese Regelung blieb auch nach Einführung des Raumplanungsgesetzes. 1978 wurden «Richtlinien für den Einbau von nicht standortbedingten Wohnungen und Aufenthaltsräumen in bestehende Stallbauten und Scheunen» vom Regierungsrat erlassen.

2. Für *Heimatschutzobjekte* wird auch seitens des Kantons via NHK subventioniert.

3. *Alpen und Bergliegenschaften* werden noch recht gut mit Vieh bestossen. Auch Heimkuhweiden haben sich meist behaupten können, sonst werden sie als Schafweiden genutzt. Hingegen läuft das allgemeine Konzept in der Landwirtschaft den Erhaltungsbestrebungen entgegen.

Gurtnellen, Vorder Obermatt

Gurtnellen, Fottigen

4. Neunutzungen von *Maiensässen* z.B. für den Tourismus sind nur teilweise möglich, da sie zu entlegen (Maderanertal: dort werden Maiensässe zerfallen, wenn sie nicht mehr genutzt werden...) oder von Lawinenzügen bedroht (Maiensäss selbst oder Zugang) sind.
Im Weiler Torbel werden die unbenutzten Ställe sorgsam zu Ferienzwecken umgebaut. Dabei wird auf ein vernünftiges Verhältnis von noch landwirtschaftlich genutzten und für touristische Zwecke umgenutzten Ställen geachtet. Aber in den meisten Orten gibt es so viele Ställe, dass nicht alle zu halten sind. Ein selektives Vorgehen in Abhängigkeit von der Landnutzung ist unumgänglich.

5. Die NHK bremst den Missbrauch in der Handhabung der *Umnutzung*. Herger befürchtet, dass mit zuviel «Gerede» der touristische Druck auf die leerstehenden Ställe gefördert wird.

6. Hinweis auf das Erbrecht: Die Abparzellierung für den Verkauf des Hauses kann nicht verboten werden, ausser es sei ein gewisses öffentliches Interesse an der *Erhaltung des Gesamtzusammenhanges* nachweisbar.

7. Im Kanton Uri ist es nicht mehr ohne weiteres möglich Kulturwerte zu zerstören, einerseits, weil der Kanton überblickbar ist, und andrerseits, weil das Meldewesen und die Koordination im wesentlichen gut spielen (abgesehen von der Natur- und Landschaftszerstörung – teils durch die Landwirtschaft).

Rivaz

Ollon, Plan d'Essert

Waadt, 11.11.1986 (revidiert am 23.3.1989)

Anwesend:
Denkmalpflege (Teysseire)
Raumplanung
(Rickli, Guidetti, Héribrand, E. de Braun)
Rechtsdienst (Brandt)
Schweizer Heimatschutz (Eric Kempf, Beate Schnitter)

1. Der waadtländische Hof ist eine bauliche Einheit, daher kann die Scheune nicht allein, ohne Wohnhaus, betrachtet werden. Dies gilt auch für das waadtländische Jurahaus.

2. Es besteht kein regelmässiger Kontakt zwischen dem Meliorationsamt und anderen Stellen, je nach Fall wird ein Projekt aber dem Archäologischen Dienst oder der Denkmalpflege unterbreitet. Kontakte vom Meliorationsamt zur Planungsstelle gibt es gelegentlich, so zum Beispiel vor 4 Jahren, als Planer vor der Aussiedlung warnten und dem Meliorationsamt die ganze Komplexität des Unterfangens zu erklären versuchten. Zusammen mit den Beratern von Brugg wurde vorgeschlagen, Neubauten im alten Hof im Dorf zu integrieren oder einen neuen Hof am Dorfrand zu erstellen.

3. Aus juristischer Sicht hat die *Bodenerhaltung Priorität*. Die Notwendigkeit der Aussiedlung muss dem Regierungsrat bewiesen werden können. Die Aussiedlung unterliegt dem Rekursrecht.

4. Umbaupraxis *im Baugebiet:* Wegen der grossen Zahl gibt es wenig Erhaltungsmöglichkeiten für leerstehende Scheunen, ausser über die Denkmalpflege. Diese betreibt keine strenge Erhaltungspolitik – aus finanziellen Erwägungen oder in der Ansicht, Scheunen seien keine besonderen Objekte sondern eher «Gebrauchsarchitektur» («das tägliche Brot»).
Den Gemeinden werden Fragebogen abgegeben (Questionnaire général pour demande de permis de construire), damit alle Bewilligungsinstanzen begrüsst werden. An sich müssten Gesuche zu inventarisierten Objekten und in geschützten Ortsbildern aufgrund dieser Checkliste an die Denkmalpflege gelangen. Aber die «Disziplin» fehlt, und so muss der Kanton die Baugesuche selbst im Anzeiger nachsehen und anfordern. Dann erfolgen gute Ratschläge, zum Beispiel zum Eigenwert oder Stellenwert einer Scheune. Oft werden gute Resultate erzielt. Vielfach muss der Kanton Aufgaben von Gemeinden übernehmen, die eine zu geringe Infrastruktur haben (vgl. Aargau). Er kann auch gegen die Gemeinde rekurrieren.

Aigle

Yvorne, Versvey

5. Die zunehmende Spekulation in den Dörfern (z.B. auch im Jura!) hat eine politische Reaktion ausgelöst: Der Schutz wird nun von der Bevölkerung verlangt und somit auch von den Ortspolitikern. Statt eines Ortsbildschutzplanes, wie im Kanton Zürich, kennt man einen «Quartierplan», der neuerdings auf Erhaltung und Ergänzung ausgebaut wurde. Vgl. die Anweisung zur Gemeindeplanung, die am 15. 12. 1986 in Kraft trat (Le plan de quartier: pourquoi? comment?).

6. Die Subventionen müssen nun koordiniert werden. Vorbedingung wird also die Planung der Gemeinde respektive die Revision der Gemeindeplanung sein.
Der Gemeindeplaner wird nun auch – dank der neuesten Schrift – erkennen, dass eine Planung sehr komplex geworden ist und nicht mit dem Gemeinderat abgemacht werden kann. Die Beteiligung anderer ist notwendig. Hingegen ist die Erhaltung von Scheunen in der Wohnzone auch mit dieser neuen Vorgehensweise nicht gesichert.

7. Schliesslich ist das Verständnis für den immateriellen Wert der Scheunen eine Kulturfrage. Die Ansprüche des Besitzers machen dieses Verständnis nur zur Geldfrage. Niemand verteidigt bäuerliches Kulturgut, daher kann man es verschleudern. Es ist letztlich eine Erziehungsfrage.
Auf der anderen Seite befürchtet der Jurist die vollständige Bevormundung des Besitzers durch den Staat respektive die «besserwissenden Beamten». Es entsteht eine kleine Diskussion zum Thema «Bevormundung» und «Einsicht». Die *Aufklärung* breiter Bevölkerungskreise für den Wert unseres bäuerlichen und daher ureigensten Erbes ist nötig, denn juristische Grundlagen für die Erhaltung sind vorhanden, aber der Vollzug fehlt.

8. Soll man *Steuererleichterung* für die Erhaltung von Scheunen unter dem Titel «Kulturgut» gewähren? Das Steuergesetz zu Fragen der Steuererleichterung ist in Revision. Hier sollte von uns weitergearbeitet werden.

Binn, Zenbinnen

Hérémence

Wallis, 9.4.1987 (revidiert 22.5.1989)

Anwesend:
Raumplanung (René Schwery)
Rechtsdienst (J. Zimmermann, Baudepartement)
Hochbauamt (Attinger, Präsident kantonale Heimatschutzkommission)
Denkmalpflege (Dr. Bucher, Dr. Ruppen)
Meliorationsamt
(J.-C. Rey, Unterwallis; Gerhard Schmid, Oberwallis)
Kantonale Heimatschutzkommission (Ritz)
Schweizer Heimatschutz (Eric Kempf, Beate Schnitter)

1. Zur Frage der *Güterzusammenlegung* siehe die Auskunft der Rechtsabteilung am Schluss des Protokolls.

2. *Meliorationen* lösen Landschaftsprobleme aus. Kaum jemand interessiert sich für alte Stallbauten. Somit ist es kein Erhaltungs- sondern ein Neubauproblem. Die Grösse dieser Neubauten ist ein Problem für den Landschaftsschutz.

3. Die ENHK oder das Bundesamt für Forstwesen und Landschaftsschutz (ENHK heute beim Bundesamt für Kultur) wurden bei Neubauten und insbesondere bei historischen Ökonomiebauten mehrmals zugezogen. In Obergestelen konnte mit Hilfe dieser Bundesinstanzen und in Zusammenarbeit mit der kantonalen Heimatschutzkommission und dem Meliorationsamt Oberwallis ein Neubau fast um die Hälfte reduziert werden.

4. Das Meliorationsamt ist nicht der «Belzebub». Auch in Gemeinden ohne Bodenverbesserungsaktivitäten zerfallen die Ställe. Sie sind für das heutige Leistungsvieh zu klein. Ställe sind Industriebauten, heute. Oder soll der Bauer in Zukunft Beamter/Angestellter werden?
Neben dem eindeutigen Rationalisierungseffekt der Stallneubauten darf nicht vergessen werden, dass auch wegen der Anwendung des Tierschutzgesetzes und des Gewässerschutzgesetzes eine Sanierung der bestehenden kleinen Ställe undenkbar ist. Eine vertretbare Lösung stellt nur der Neubau dar, der allerdings den Anforderungen des Landschafts-, Heimat- und Ortsbildschutzes genügen muss. Für Vollerwerbstätige braucht es Ställe in der Grössenordnung von 20 Grossvieheinheiten.
Alpställe und Stallquartiere sind landschaftsprägende Elemente, die mit der neuen Bewirtschaftungsweise verloren gehen.

5. Der Strassenbau der 70er Jahre ermöglicht den Transport von Heu und Emd ins Dorf. Ställe ausserhalb des Dorfes werden nicht mehr benutzt, nachdem sie durch subventionierte Stallneubauten ersetzt worden sind. Ein Teil der Ställe wird nach wie vor von Nebenerwerbs-

Evolène, Villa

Verbier

landwirten mit kleineren Betrieben oder von Schafhaltern benutzt.

6. Im Dorf ist die Stallerneuerung wegen Immissionen seitens der Bevölkerung nicht erwünscht (Evolène). Rationelle Arbeit unter einem Dach wird gewünscht.

7. *Bewilligungsverfahren:* Für Neubauten ist eine kommunale und kantonale Bewilligung nötig. Die kantonale Heimatschutzkommission wird begrüsst für Bauten in Schutzzonen und für Schutzobjekte, Zweckänderungen von Ställen, Neubauten ausserhalb der Bauzone. Grundlage für den Schutz: Art. 186 Einführungsgesetz zum ZGB des Kantons Wallis.

8. Der Zerfall der Ställe hat seinen Grund im *Erbrecht*. Kaum ein Stall ist im Alleinbesitz. Ein Zusammenlegen der Besitzanteile je Objekt, so dass man renovieren könnte, ist undurchführbar, da der Walliser sehr an seinem Besitz/Besitzesanteil hängt. Auch der Landbesitz ist in winzige Teilchen verstreut (z.B. Grengols: 300 ha verteilt in 2850 Parzellen, 350 Eigentümer, pro Parzelle bis 100 Personen oder Erbengemeinschaften, die z.T. gar nicht mehr auffindbar sind). Die einschlägigen Bestimmungen des eidgenössischen Erbrechtes werden in der Praxis nicht angewendet. Die Eigentumsstreuung ist enorm.

9. Im kantonalen Ausführungsgesetz zum RPG finden sich Bestimmungen für «Bauten und Anlagen *ausserhalb der Bauzone*». In Art. 42 heisst es:
«1 Bestehende Bauten und Anlagen ausserhalb der Bauzone können erneuert, teilweise verändert oder wieder aufgebaut werden, wenn sie ihre Zweckbestimmung, ihr Volumen und ihre äussere Gestalt im wesentlichen beibehalten und dies mit den wichtigen Anliegen der Raumplanung vereinbar ist.
2 Die vollständige oder teilweise Änderung der Zweckbestimmung ist gestattet, wenn folgende Voraussetzungen kumulativ erfüllt sind:
a) wenn sie für den Schutz von erhaltenswerter Bausubstanz erwünscht ist und das Landschaftsbild nicht beeinträchtigt;

b) wenn sie für eine sinnvolle Weiterverwendung dieser Bauten und Anlagen nötig ist;
c) wenn sie für das Gemeinwesen keinen neuen Erschliessungsaufwand verursacht;
d) wenn sie den Interessen der Zone, insbesondere der Landwirtschaftszone nicht zuwiderläuft.
3 Eine geringfügige Vergrösserung des Volumens ist nur gestattet, wenn dies für die neue Zweckbestimmung notwendig ist, der bisherige Zustand im wesentlichen bestehen und die Identität des Gebäudes gewahrt bleibt.
4 Mehrmalige Änderungen der gleichen Bauten oder Anlagen müssen den Vorschriften dieses Artikels entsprechen und sind im Vergleich zum ursprünglichen Zustand der Bauten zu beurteilen.»
Das kantonale Raumplanungsgesetz ist seit dem 1.1.1989 in Kraft.

10. Gemeinden, deren Ortsbild im ISOS national eingestuft ist, haben *innerhalb der Bauzone* eine *Schutzzone*. Einzelne Gemeinden im Ober- und Unterwallis haben zum Beispiel Perimeter bezeichnet, in denen Steinplattendächer obligatorisch sind. Im Rahmen des kantonalen Richtplanes wurden neu auch alle Aussen- und Alpsiedlungen systematisch erfasst und klassiert.
Die grosse Gemeindeautonomie erschwert bei der Umsetzung des Richtplanes in den Nutzungsplan die Einflussnahme des Kantons. Die Akzeptanz von Invertaren wird unterschiedlich bewertet.

11. Die *Maiensässzone* (seit 1988 in Kraft) umfasst Land, das landwirtschaftlich genutzt wird und gleichzeitig der einheimischen Bevölkerung als Erholungsgebiet dient. Sie basiert auf Art. 18 RPG. In der Maiensässzone gelten grundsätzlich die Bestimmungen der Landwirtschaftszone (vgl. Art. 27–30 kantonales RPG). Das kantonale Amt für Raumplanung ist daher der Meinung, dass aufgrund der erwähnten gesetzlichen Vorschriften für Bauvorhaben in der Maiensässzone weiterhin eine kantonale Bewilligung erforderlich ist.

12. Bauten in der *Landwirtschaftszone:* In Art. 22 des neuen kantonalen Raumplanungsgesetzes heisst es:
«1 Landwirtschaftszonen umfassen Land, das

Martigny, Plan Cerisier

Evolène, Les Haudères

a) sich für die landwirtschaftliche Nutzung oder den Weinbau oder den Gartenbau eignet oder
b) im Gesamtinteresse landwirtschaftlich genutzt werden soll.
2 In der Landwirtschaftszone dürfen Bauten und Anlagen nur bewilligt werden, soweit sie der landwirtschaftlichen Nutzung des Bodens und den damit verbundenen Bedürfnissen der bäuerlichen Bevölkerung und ihrer Hilfskräfte oder der Sicherung der bäuerlichen Existenz dienen.»

13. Ställe als touristische Werbeobjekte: In Zermatt besteht ein Reglement, das der Gemeinde erlaubt, den Unterhalt bestimmter Nutzbauten zu subventionieren. Dabei mag das «Photosujet» für die Tourismuswerbung ebenso Anlass zu diesem Reglement gewesen sein wie die stilgerechte Substanzerhaltung. Ab und zu kann das rein touristische Interesse natürlich auch überwiegen.

Nendaz, Alpsiedlung «Novelli»: Die Erhaltung ist heute durch Beiträge kommunaler, kantonaler und eidgenössischer Instanzen sowie durch die Mithilfe touristischer Kreise gesichert. Ferner kaufen einige Vereine und Stiftungen Häuser zur Restauration und Erhaltung auf, aber keine Ställe. Dagegen werden «im Walliser Stil» neue, «falsche» Feriendörfer gebaut.

14. Die *Bewirtschaftungsbeiträge* gehen an den Bewirtschafter. Es kann allerdings vorkommen, dass der Eigentümer über eine Erhöhung des Pachtzinses «seinen Teil» von diesen Subventionen abschöpfen will.

Zu Punkt 1 durch die Rechtsabteilung des Baudepartementes (J. Zimmermann)
Die Rechtsgrundlage in bezug auf die Güterzusammenlegung stellt sich im Walliser Recht wie folgt: Es gilt zu unterscheiden zwischen der Güterzusammenlegung ausserhalb des Baugebietes und derjenigen innerhalb des Baugebietes.
a) *Ausserhalb des Baugebietes* ist das Güterzusammenlegungsverfahren geregelt durch das Gesetz vom 2. Februar 1961 über die Bodenverbesserungen und andere Massnahmen zugunsten der Landwirtschaft. Namentlich ist auf Artikel 41 dieses Gesetzes hinzuweisen aus welchem hervorgeht, dass Bau- und Industrieland nicht zwangsweise in ein solches Güterzusammenlegungsunternehmen einbezogen werden darf, es sei denn, das geplante Werk könne ohne die Einbeziehung dieses Bodens nicht zweckmässig ausgeführt werden. In einem solchen Fall kann der Eigentümer verlangen, dass der in das Unternehmen einbezogene Boden enteignet wird.
b) Das Güterzusammenlegungsverfahren *innerhalb der Bauzone*: Zur Zeit besteht diesbezüglich eine relativ schmale Rechtsgrundlage in Art. 58 des Gesetzes vom 3. September 1965 über die kantonalen Strassen. Aus dieser Gesetzesbestimmung geht hervor, dass Baulandumlegungen innerhalb der Bauzone nur dann in Frage kommen, wenn durch den Bau einer öffentlichen Strasse eine rationelle Überbauung des Baulandes nicht mehr gewährleistet ist. Im kantonalen Ausführungsgesetz zum RPG ist der Begriff Landumlegung innerhalb des Baugebietes klar umschrieben:
«Art. 17.– 1 Die Landumlegung besteht in der Zusammenlegung der Grundgüter eines bestimmten Gebietes und in der gerechten Neuverteilung des Grundeigentums und der damit verbundenen dinglichen Rechte. Sie dient dem Ziel, gesamthaft für die Eigentümer eine bessere Bodennutzung zu ermöglichen und eine zweckmässige Verwirklichung der Zonennutzungspläne sicherzustellen.
2 Unter Vorbehalt der Genehmigung des Staatsrates wird das Umlegungsverfahren eingeleitet:
a) durch Beschluss der Mehrheit der Eigentümer, denen die Mehrheit der Oberflächen gehört oder
b) durch Beschluss des Gemeinderates.
Der Einleitungsbeschluss wird im Grundbuch angemerkt.
3 Das Verfahren wird auf dem Dekretswege durch den Grossen Rat geregelt.»

Hünenberg   *Cham*

Zug, 28.3.1987 (revidiert am 16.2.1989)

Anwesend:
Denkmalpflege (Dr. Grünenfelder, Höfliger)
Raumplanung (Hegglin, Wiget)
Bauernhausforschung (B. Furrer)
Meliorationsamt (Berchtold, Britt)
Regierungssekretär (Dr. Gisler)
Schweizer Heimatschutz (Monica Aczél, Beate Schnitter)

1. Typologie
Der Zuger Bauernhof ist aus verschiedenen Gebäuden zusammengesetzt: Wohnhaus getrennt von Stallscheune, Speicher, etc. Wohnhäuser können, sofern es sich um schützenswerte Kulturobjekte handelt, in Auslegung und Anwendung des Gesetzes erhalten werden. Das Bauernhausinventar zeigt auf, dass es sich meist nicht um ein einzelnes «Kunstobjekt» handelt, sondern um Bautypen, von denen mehrere gleichwertige Exemplare existieren. Es kann deshalb nicht darum gehen, alle oder keinen Vertreter dieses Hoftyps zu erhalten, sondern es müssen zusätzliche Beurteilungskriterien gefunden werden.
Die Kulturlandschaft ist nicht statisch. Wo liegt die Grenze der Erhaltungsfähigkeit?
Eine ökologisch rücksichtsvollere Haltung wäre zu begrüssen. Ein gewisses Mengendenken hat sich aus der Düngewirtschaft entwickelt. Hecken sind verschwunden, der Tierbestand hat zugenommen.
Der biologische Landbau benötigt grössere Nutzflächen, kleinere verschiedenartig angebaute Flächen, kleinere Gebäude. Auf die Mechanisierung kann nicht verzichtet werden. Die Tierhaltung würde anders aussehen. Klein- bzw. Hofkäsereien drohen zu verschwinden (bereits 1866 nach der Gründung der Milchsiederei in Cham zu beobachtende Entwicklung). Technologisch interessantes Material geht dann ins Technorama und in andere Museen.

Riedstreue-Hütten im Hochmoor: Dort, wo die Natur vorherrschen soll (z.B. Eigenried), ist von einer Umnutzung abzusehen, weil sie zu viel Betrieb nach sich zieht. In Rothenthurm aber sollen die Riedstreue-Hüttli bleiben, weil sie prägende Elemente der Landschaft und für die Streuelagerungen nötig sind. Sie dienten auch als Werkzeugschuppen für den Torfabbau.
Im Kanton Zug ist der Erholungsdruck auf die Kulturlandschaft sehr gross.
Weidscheunen bekommen Seltenheitswert und können unter Umständen als Einzelobjekt unter Schutz gestellt werden (Beispiel: Sackmatte, datiert 1719, älteste Weidscheune des Kantons).

Walchwil

Zug, Letzi

2. Problem der nicht mehr für den ursprünglichen Zweck benötigten Hofscheunen
Hofscheunen im engeren Ortsbild gibt es sehr wenige, denn die Höfe sind an sich zonenfremd bzw. sind von der Bauzone ausgenommen. Hofscheunen im Baugebiet können umgebaut werden, beispielsweise zu Saalbauten (wie in Baar, Rathausscheune; Zug, Zurlaubenhof, der bereits vor dem Umbau einen Wohnteil besass: Fenster in der Fassade haben den Einbau von Wohnungen im ehemaligen Heustock gestattet, praktisch ohne Fassadenveränderung und als Teil-Umnutzung). Von der Typologie her bietet aber nur eine beschränkte Zahl «ideale» Öffnungen, die eine Umnutzung zu Wohnzwecken erleichtern. Hofscheunen in der Landwirtschaftszone bilden den Normalfall. Sie dürfen nach Raumplanungsgesetz nicht umgenutzt werden. Zweckänderungen sind gestattet, wenn sie im engen Zusammenhang mit der Urproduktion stehen. Umnutzungen für Gewerbe sind nicht gestattet. Umnutzungen zu Wohnzwecken kommen ebenfalls nicht in Frage. Anders liegen die Dinge bei kulturhistorisch besonders interessanten Gebäuden. Beispielsweise ist ein Waschhaus in St. Wolfgang erhalten geblieben, da es kulturhistorisch wertvoll ist. Das Waschhaus dient nun als Wohnhaus. Sein typologischer Wert blieb erhalten.

3. Kulturlandschaft
Die Kulturlandschaft ist an sich auf Hofbauten angewiesen. Werden die vertrauten landwirtschaftlichen Gebäude ersetzt oder gehen sie ein, erhält die Landschaft ein anderes Gesicht (= «zuviele Brokatfäden aus dem Damast herausgezogen»). Übrig bleiben Wohnhäuser mit grösseren, modernen Scheunen. Der Tendenz, alte Hofbauten wegen Neubauten abzureissen, wird durch eine zurückhaltende Bewilligungspraxis bei Ersatzbauten entgegengewirkt.
Zur Kulturlandschaft gehören auch Hecken, alte Wege, Hochstamm-Obstbäume usw. Diese Elemente sollten vermehrte Beachtung finden, sonst verarmt die Landschaft.

4. Allgemeiner Vorwurf
Auf den Vorwurf, die Behörden würden mit Meliorationen zum Verlust von Kulturgut beitragen, entgegnen Vertreter des Meliorationsamtes, bei Gesuchen um Subventionierung von neuen Scheunen würden alle Varianten untersucht, auch der Umbau von bestehenden Objekten. Die Subvention wird sowohl für den Abbruch, als auch den Neubau gewährt. Wohngebäude werden eher erhalten als Scheunen. Sie sind meist auch älter, während die Scheunen meist höchstens 200 Jahre alt sind. Mit dem Aufkommen der Düngewirtschaft änderte sich die Bewirtschaftungsweise stark und damit auch die Ökonomiegebäude.

5. Bewilligungsverfahren
Das Bewilligungsverfahren ist so gestaltet, dass das Bauamt der Gemeinde Gesuche für Bauten und Anlagen ausserhalb der Bauzonen, somit auch in Landwirtschaftszonen, in jedem Fall der Baudirektion einreicht, welche zustimmend oder ablehnend Stellung bezieht. Bei der Baudirektion ist das Amt für Raumplanung federführend. Es leitet die Gesuche auch dem Amt für Denkmalpflege und Archäologie zu, wo die Objekte anhand des Inventars schützenswerter Baudenkmäler kontrolliert werden. Auf dem Wege über die Denkmalschutzgesetzgebung kann ausnahmsweise zugunsten der Bauqualität, insbesondere der Einpassung in die Landschaft, ein Beitrag an die ausgewiesenen Mehrkosten geleistet werden (Kanton 1/3, Gemeinde 1/3). Der Kantonsbeitrag stammt in einem solchen Fall aus dem Fonds für wohltätige, gemeinnützige und kulturelle Zwecke. Das Meliorationsamt erhält das Subventionsgesuch. Die von den Bauern häufig beigezogenen Berater sind dann meist schon involviert. Leider gibt es wenig gute Architekten im Kanton Zug, die sich vorzugsweise mit landwirtschaftlichen Bauten befassen.
In der Baubewilligung für Neubauten sind meist Auflagen enthalten, welche Fragen der Ästhetik und der Einpassung in die Landschaft betreffen.

Berg am Irchel

Embrach

Zürich, 8.8.1986 (revidiert am 13.2.1989)

Anwesend:
Denkmalpflege (Pfleghard, Renfer)
Amt für Raumplanung (Haller)
Meliorationsamt (Sprenger)
Schweizer Heimatschutz (Monica Aczél, Beate Schnitter)

1. Die alte Natur- und Heimatschutzverordnung (1912) hätte nach Ansicht der Denkmalpflege genügt, da es immer an der *Gesetzesanwendung* hapert. Die Gemeinden entscheiden im Baubewilligungsverfahren auch nach anderen als nur nach baupolizeilichen Überlegungen.

2. *Nutzungsänderungen* lösen oft Umbauten aus. Die Art der Neunutzung – hier vor allem von Tenn, Stall, Heubühnen – muss der alten Nutzung möglichst entsprechen, da sonst der Umbaueingriff zu gross wird, z.B. in der Bauzone Spiel- und Bastelräume, Lager, Garagierung, extensive Gewerbenutzung.

3. *Nutzungserweiterungen* können ebenfalls grosse Eingriffe in Altbauten auslösen. Kleinbetriebe lassen sich in Altbauten oft besser einrichten als Grossbetriebe. Sie sind aber ihrerseits wegen ihrer Kleinheit bedroht. «Industrialisierung» der Graswirtschaft verändert die Bauten mehr als es Neuerungen im Ackerbau oder Weinbau tun. Lagerung von Futter oder Frucht fällt heute in den Scheunen kaum mehr in Betracht (Getreidesammelstellen).
Aus der jeweiligen Bewirtschaftungsform ergaben sich Hofformen, die für einen Umbau besser oder weniger gut geeignet sind. Die Flexibilität der Gebäude ist je nach Gegend verschieden. Eine Vergrösserung des Raumangebotes (für eine Betriebserweiterung) durch Anbauten (Additionsprinzip) kann bei geeigneter Hofform und Parzelle eine mögliche Lösung sein.

4. Nach Ansicht des Meliorationsamtes ist aber der Umbau eines Hofes meist teurer als der Neubau. Natürlich werden immaterielle Werte, wie die dem Orts- und Landschaftsbild zugefügten Schäden, nicht aufgerechnet. Der moderne Bauer hat das Recht auf einen rationellen Betrieb, der im Neubau besser realisiert werden kann.

5. Bei Um- und Anbauten werden manchmal Varianten verlangt zur Optimierung. Altscheunen werden auch als Remisen ins neue Betriebskonzept aufgenommen. Bei einer Betriebsvergrösserung klagt niemand über zuviel

Wädenswil, Burstel   *Stäfa*

Platz. An Ein- und Anbauten in und an alten Scheunen werden oft, z.B. in der Hügelzone und im Berggebiet, Subventionen entrichtet. Zugunsten der Strukturerhaltung werden jene Gegenden gut unterstützt.
Je nach Fall werden zusätzliche Beiträge durch das Meliorationsamt an Mehrkosten bezahlt, die durch Vorschriften der Denkmalpflege ausgelöst wurden. Ein Bauer muss aber wirtschaftlich arbeiten, sonst kann er nicht unterstützt werden (Rückzahlung des Investitionskredites in Raten ohne Verzinsung über 20 Jahre). Die Aussiedlungen im Flachland sind alle über Eigenfinanzierung entstanden. Von 45 Bauvorhaben im Jahre 1988 waren nur 2 Betriebsverlegungen.
Wenn ein «Stöckli» als freistehender Neubau errichtet wird, muss es ohne Subvention finanziert werden.

6. Zusätzlich zum Altbau benötigte Räume dürfen wohl angebaut werden, die Kosten dafür aber nicht höher liegen als der Schätzungspreis des Altbaus. Zudem muss der Heuraum praktisch, d.h. mit einem Kran, ausgestattet werden können.

7. Der finanzielle Gewinn beim Verkauf der Altliegenschaft in einer Kernzone im Dorf ist derart gross, dass in Gegenden mit grossem Baudruck der Anreiz zum Weiterwirtschaften im Dorf, in engen Verhältnissen, womöglich noch mit erschwerten Verhältnissen wegen der Hofausfahrt auf die Hauptstrasse, nicht mehr besteht.

8. Als Grund für eine Unterschutzstellung inventarisierter Bauten gilt nach PBG der Zeugniswert. Spekulative Absichten mit einem Altbau können durch Unterschutzstellung gebremst werden. Der Gemeinderat muss hier mitmachen. Durch die Unterschutzstellung fällt der Liegenschaftenwert, der Belehnungswert, und als Folge werden die Steuern geringer ausfallen.

9. Weidscheunen verwandeln die Landschaft in eine «Kultur»-Landschaft. Dieser Bautyp wird aber nicht mehr in seiner ursprünglichen Nutzung benötigt, weshalb er extrem gefährdet ist.

Abkürzungen

Abs.	Absatz
Art.	Artikel
AS	Amtliche Sammlung der Bundesgesetze und Verordnungen
BBl	Bundesblatt
BGE	Amtliche Sammlung der Entscheidungen des Schweizerischen Bundesgerichts
BLN	Bundesinventar der Landschaften und Naturdenkmäler
Buchst.	Buchstabe
BV	Bundesverfassung der Schweizerischen Eidgenossenschaft
ENHK	Eidgenössische Natur- und Heimatschutzkommission
Erw.	Erwägung
ISOS	Bundesinventar der schützenswerten Ortsbilder der Schweiz
NHK	(kantonale) Natur- und Heimatschutzkommission
RPG	Bundesgesetz über die Raumplanung, vom 22. Juni 1979
SR	Systematische Sammlung des Bundesrechts
Zbl.	Schweizerisches Zentralblatt für Staats- und Verwaltungsrecht (früher: Schweizerisches Zentralblatt für Staats- und Gemeindeverwaltung)

Abbildungsnachweis

APAV, Broglio: 97/2.- Bauernhaus-Inventar, Freiburg: 58/2, 59.- Bauernhausforschung BL, Liestal: 53, 54.- Bauernhausforschung SZ/ZG, Zug: 90/2, 91, 107, 108.- Denkmalpflege des Kantons Thurgau/Konrad Keller, Frauenfeld: 98/1.- Denkmalpflege des Kantons Thurgau: 98/2, 99/1.- Bernard Dubuis, Sion: 106/1.- Eidg. Archiv für Denkmalpflege (Slg. ISOS), Bern: 43-47, 52, 55-57, 58/1, 60, 62, 64/2, 65/1, 66/1, 66/2, 68/2, 69/2, 70/2, 71/1, 73-76, 79/2, 80-83, 84/1, 86-89, 90/1, 93/2, 94/1, 96/1, 99/2, 100/1, 102, 103, 104/2, 105/1, 109/1.- Josef Fässler, Appenzell: 49, 50.- Edwin Huwyler, Sarnen: 78, 79/1.- Institut für Denkmalpflege, ETH Zürich: 67/1.- Kant. Denkmalpflege, Luzern: 71/2, 72.- Kant. Denkmalpflege, Solothurn/Hannes Fluri, Niederbipp: 94/2, 95/1.- Kant. Denkmalpflege, Solothurn: 95/2.- Kant. Hochbauamt, Zürich: 109/2, 110.- Kant. Meliorations- und Vermessungsamt, St. Gallen: 84/2, 85/1.- Kunstdenkmäler des Kantons Appenzell Ausserrhoden, Niederteufen: 48.- Kunstdenkmäler des Kantons Wallis, Brig: 104/1.- Herbert Maeder, Rehetobel: 51.- Office du patrimoine historique, Porrentruy: 68/1, 69/1, 70/1.- Beate Schnitter, Zürich: 92, 93/1.- H. Schönwetter, Glarus: 63/2.- Schweiz. Bauernhausforschung (Zentralarchiv), Zug: 63/1, 64/1, 65/2, 96/2, 97/1, 100/2, 101, 105/2, 106/2.- Section neuchâteloise du «Heimatschutz», La Chaux-de-Fonds: 77.- Service des monuments et des sites, Genève: 61, 62.- Franz Wildhaber, Flums: 85/2.-